事実を集めて「嘘」を書く

心を揺さぶるスポーツライティングの教室

藤島 大／聞き書き 三谷 悠

X-Knowledge

はじめに　本当に思ったことだけを

選手がコーチになる。現役のスポーツライターが、スポーツライティングとはかくあるべしと語る。避けたい。避けるべきだ。
なのに。

この先は、もちろん、言い訳である。
2005年の8月。東京の虎ノ門。さてエレベーターはあったのか。もちろんあるよな。でも、古い映画のシーンなら、加藤大介の演じる勤め人がハンカチで汗をふきふき階段を昇るような古いビルの一室。そこに純粋な目がたくさん並んだ。ラジオNIKKEIの主催する「スポーツジャーナリスト講座」が始まるのだ。

筆者は講師だった。すでに選手がコーチになっている。ただし、あれは応募者がおもに学生だったので、いくらか気楽なところもあった。どのくらい続けたかは忘れた。月にいっぺん、新聞社や出版社への就職にはなんの力にもならない（と開講と同時に宣言した）講座に臨んだ。おのおのの作文を持ち帰り添削、ひとりずつに向けて短文の講評を返した。

昔、東京都立国立高校ラグビー部の「無給フルタイム」コーチのころ、練習が休みの月曜に約30人の部員ひとりひとりに助言を書いた。いまはもうない近所の喫茶店にこもって半日かかった。風変わりな主人は、広場の鳩に餌をやるバス会社の老職員にその餌を渡すのが趣味。はぐれた鳥と同情したのかずっと席を離れぬ無職の男に優しかった。講評のたびにあの時間がよみがえった。

虎ノ門の夏の17年後。

当時の受講生のひとり、三谷悠が現れた。いまは同業だ。

「スポーツライティングの本を書きませんか」

かくして、お手元の一冊は世に出る。

はじめは断った。「選手はコーチではない」。当然だ。しかし三谷君は粘る。あのときの講座のメモ、こちらでは散逸している筆者の各媒体への相当な量の記事を集めており、それはそれでうれしい。会うと、そいつを絶妙のタイミングで袋から小出しにしては「どうです。お書きになりませんか」と迫る。静かで控えめで半歩も引かない人間はこわい。

だが書けない。まだ眼前の勝負にかかりきりの現役ハーフバックなので職業の像の俯瞰はかなわず、全体を整理できない。ならば、まずは口頭で。都内の駅前コーヒー店に居座り、録音機の横たわる小さなテーブルで三谷君に向かって「いつも考えていること」を話した。3、4時間ずつ何度かに分けて。

活字におこすと、なんだか気持ちよさげで、しかも、えらそうだ。重複がやけに多く、論の構造はいびつ、テーマが行ったり来たりするのは語り手の脳の状態をダイレクトに反映している。そんなふうに流れのまま冷めたブレンドもそっちのけで言葉を重ねた。

これは「口数の少ない元受講生の質問に歳月を経た元講師がつい勢いよく答えてしまった」記録である。「教養」や「ユーモア」について解説したら、みっともなくて負けなのに、会話だと、えいっ、と踏み越えてしまう。

いま思う。それでよかった。ラグビーのコーチのころ、たまに、部員が恋愛の相談にやってくる。よくこう諭した。「その人にもてようと思うからもてない。たとえばラグビーで本当に思っていることを仲間に懸命にしゃべる。その姿を横から見た人が君にほれるのだ」。本書ももててほしい。「えらそう」や「くどい」を含めて、本当に思ったことしかしゃべっていないのだから。

以下、2005年8月の「ラジオNIKKEI　スポーツジャーナリスト講座」における講評の一部。

書き出しで惹きつけられた。うまい。読み進めたくなる。よいですね。イラン人でくくったのもうまい。惜しい。それは一点のみです。本来はひとりずつ個体差のあるイラン人をひとくくりにする場合、どこか「愛すべき」という部分を残さなくてはならない。そうしないと、やや乱暴な決めつけとなる。少し、すっとぼけて逃げる。これが強大なアメリカ人なら話は微妙に違ってくるのですが。いずれにせよ楽しめました。最後もいい。あの条件で書いてこの作品。才能あります。あとは、より削りながら書く。くだけた文体こそ完璧かつ簡潔な文章で。

対象は三谷悠。今回、確認したら明治大学商学部を出て2年目、「フリーター」として日夜奮闘のころだった。

はじめに……2

序章
スポーツライティングとはなにか

スポーツライターになるな！……14
教養とはなにか……22
普遍を書く……25

第1章
スポーツを書く喜び

喜怒哀楽に収まらない感情を書く …… 34
スポーツの自由とはなにか …… 39
「好きでたまらない」は強い …… 43
スタイルの確立 …… 46

第2章 見つめる・仮説を立てる・調べる

見つめる …… 54
思考の軸をつくる …… 63
仮説を立て調べる …… 69
仮説をもとに聞く …… 82
多くの人間のモデルを見る …… 87

第3章 スポーツライティング心得

人の体の動きを書く……98
時間の縦軸を持つ……111
記憶を粒立たせる……117
対照の妙……120
インタビューの作法……124
事実を集めて「嘘」を書く……129
場面に語らせる……135
本当の知性……142
「際」を考え抜く……147
立ち止まって考える……156
不運を受け入れる……164

読者を旅させる……170
お客さんになるな……174

第4章 文章スキルと言葉への意識

批評・コラム・ゲームリポート

「よい文章」とは……184
コラムの発想……200
「決めつける」の判断基準……209
文章に言葉のカセをはめる……215
言葉に「神経」を通わせる……228
文章の「仮想敵」を徹底して削る……233

ユーモアとはなにか 240
書き出しでひきつける 245
ふわっと終わらせ余韻を残す 249
インターネットメディアでの書き方 253
比喩はライターの友 256
カギカッコのなか 262
よいゲームリポートの書き方 265
よい原稿はタイトルがつけにくい 269
だれに向けて書くか 271

おわりに 278
構成者あとがき 280
引用・参考文献一覧 282

聞き手・構成　三谷 悠
ブックデザイン　吉田考宏
編集　森哲也（エクスナレッジ）
印刷　シナノ書籍印刷

（　）内の※は構成者注釈です。
人物、作品等の注釈は各章末に解説をまとめています。

序章

スポーツライティングとはなにか

スポーツライターになるな！

まずは「ライター」になる

スポーツライターとはなにか。

あまり定義したくないのが正直なところです。

ただ、スポーツビジネスの学習、習得を例に考えると、わかりやすいかもしれません。こうした講座や学部に通うよりも、まずは根本となるビジネスそのものを学んだほうがよいのではないか、と思ってしまうのです。

スポーツライターも同じです。


ライターがスポーツライターになる。

ライターであればスポーツライターもできる。

ライターはスポーツも書く。


つまり、ライティングがもっとも重要です。

たとえばサッカーの名選手が引退したとします。現役時代から鋭い視点を持ち、そのまま評論家に転身すれば、競技そのものについては多くのライターより詳しいでしょう。言葉をだれかが聞き書きすれば、見識の深さではおそらくかなわない。だからこそスポーツライターであるなら、元選手の解説者よりもよい文章が書けないといけない。

戦術論でいえば、以前、岩政大樹さん（現・鹿島アントラーズ監督）の書籍を読みましたが説得力があります。元選手の優れた書き手（語り手）が出てくる。ではライターになにができるか、といえば、文章の技術をより磨くほかない。

サッカーが好きだからサッカーを書きたいと考えるのはかまわない。尊い志です。それでもまずは、ライターにならないといけないいと思うのです。

書く行為がすべてを包む

サッカーの例を続けますが、普段の読書も競技の関連ばかりでなく一般書を読んだほうがいい。ブラジルのサッカーを書きたければ文学や社会問題のルポにも目を通す。あるいは競技を社会学の視点から描いたものもよいでしょう。それらが「上」にあるという意味ではなく、日常の読書習慣の延長線上にサッカーが描かれた本を読む。

ＳＮＳの発達で、いまは選手やチームが情報をどんどん発信する。本業はライターではないけれど戦術に詳しいファン、いわゆるマニアも意見や評論を盛んに世に出します。

ではスポーツライターにはなにが残るのかと問われれば、やはりライティングしかありません。

選手やファンよりもうまく書こうとする、あるいは書く。この「うまい」の定義がとても難しいのですが、詳しくは第4章で解説します。

プロである以上、新聞記者ならば、学生スポーツ新聞のエース記者よりも文章がうまくないといけない。質の高い原稿を書かないといけない。わたしはそう思います。いまはインターネットで海外を含む広範な記事が読めるため、たとえば学生記者も平均的にはみっともなくないように書ける。鋭い見方ができたり、選手と強い信頼関係がある学生もいるでしょう。プロのよりどころは文章の技術だと思うのです。

つまりは、書くことがすべてを包むんです。なにかを見て、気づいて、選び、思考をめぐらせ、文章で伝える。サッカーなどのスポーツは、あくまでそこに飛び込んでくる出来事なのです。スポーツライターにとっては「競技を書く」よりも「書く」が上位になければならない。

競技の専門知識は重要ではない

20年ほど前に『Number』の仕事でイタリアのレッジョ・ディ・カラブリアを訪れました。そのとき現地で通訳をしてくれたのが、豊福晋さん（*1）というライターです。当時の彼はスポーツ紙の通信員でセリエAのレッジーナにいた中村俊輔を追っていました。

豊福さんはサッカーを愛してやまない。そこから仕事を始めたのですが、いまは世界が広がって、スコットランドでもスペインでもイタリアの各都市でも、それぞれの土地のサッカーの背景や根っこをつかまえている。ヨーロッパに暮らして働く人間の強みですね。

中村俊輔が一時在籍していたグラスゴーは労働者の匂いの強いサッカー都市であるのに対し、エディンバラはラグビーが前に出てくる。またグラスゴーであればカソリックとプロテスタントの関係の理解も欠かせません。英語の有名な訛りにも触れたいところです。こうした情報はやはり読書を通じて得られる。

もちろん、あの見事なフリーキックの軌道を書く。しかし、そこからのゴールはスコットランドのグラスゴーの土地に刻まれるのです。

すると、他のスポーツでも応用が利くようになるんです。根本的には、どんな競技も大きくは変わりません。まったく素養がなくとも、現場には必ず専門家や古株の記者がいて、わからないことがあれば「どうなっているんですか」と少し聞けばいい。現地の新聞にも多くの出来事が書いてあります。その競技に心得があるか否かは無視はできないけれど、それなしには成り立たない問題でもないのです。

結論をいえば、「本を読みなさい」になってしまいます。ちょっといやらしいですね。読書が好きな人がたどり着く仕事という感覚でしょうか。

「その一行をつけ加えるために給料をもらっている」

しかし、サッカーライターならばサッカーを知っておくべきであるし、試合も凝視しなければならない。

以前、東京新聞（当時）の財徳健治さん（*2）から、ふたつの大事なことを教わりました。どの試合かの記憶は曖昧ですが、隣に座って見ていると、「わかるか？」と聞かれたんです。それは元日本代表の明神（智和）のプレーでした。ゴールキーパーにバックパスをするとき、必ず利き足にボールを渡している。つまり、しっかりと考えたうえで丁寧にプレーしている。「こういうことに気づくのが大事なんだ」と言われて、納得した覚えがあります。

もうひとつは、（フィリップ・）トルシエが日本代表の監督だった当時の出来事。2002年のワールドカップの試合を先ほどと同じく隣席で観戦しているとき、トルシエがFWに授けた「ウェーブ」について教えてくれました。ゴール前でマークにきた相手DFからスーッと離れる。慌ててついてきたDFが空けたスペースにサッと入り、パスやクロスを受けてシュートする。この一連の動きに関して、財徳さんは言いました。

「俺たちは、『このプレーは1960年代に釜本邦茂が得意としていた』という一行をつけ加えるために、給料をもらっているんだ」

よいプレーはファンでもわかります。そこに、「釜本が得意とするプレーだった」と書くのがプロの仕事。いまでもその影響を受けて、ラグビー解説のときに「松尾雄治さんを思い出します」なんて、よくつぶやいています。

他者から学ぶのは人生の特権で、本や映画を通して人間を知るのもそのひとつです。ある状況に陥ると人間はこんな気持ちになるんだ。たとえば、そんなふうに理解できるようになる。

言葉は自分のなかからはわいてこない

それは言葉も同じです。先日、いとうせいこうと作家の奥泉光の対談集を読み返していたら、核心に触れる部分がありました。ふたりで「小説とはなにか」を延々と語り合っているのですが、つい小膝を打つ箇所があったので引用します。

奥泉　いちばんたいせつなのは記憶力だと、ぼくは思います。「言葉を覚えている」ということ。だって、覚えているから書けるわけでしょ？

いとう　うん。

奥泉　われわれは、過去に読んで記憶している文字や言葉でしか書けない。その記憶の容量が大きければ大きいほど、たくさんの言葉を知っていれば知っているほど、豊かなものが書ける――原理的にはそう言えると思います。

いとう　引用の集積であるということですね。

奥泉　「言葉は自分のなかから出てくる」わけではない。「物財」として世界に散らばっている言葉をたえず寄せあつめる、それが小説を書くことの基本だと、ぼくは考えますね。

いとう　逆に言うと、自分のなかから湧き上がってくるものを書きました」って言っているのを読むと、「馬鹿だな」って思いません？

奥泉　そう！　湧いた気になってるだけなんですよ。

（『小説の聖典』）

正しい。「湧いた気になってるだけなんですよ」はその通りだろうと。語彙を増やすには読むしかないんです。

スポーツライティングをめぐる「インチキ」

あえて強い表現で「インチキ」に言及します。

映画や政治や音楽といった他分野の教養人がスポーツの世界に入ってくる。なんというのか「インテリ枠」のようなポジションに収まる例があります。注意しなくてはいけない。

スポーツを利用して自分を輝かせようとしているだけではないか。「本来のフィールドで勝負しろよ」なんて毒を吐いてしまいます。

先ほどの「本を読むべし」とぶつかるようですが、本を読めばよいわけではない。他の分野では深みがあるとまでは評価されない程度の知識や洞察で「日本のスポーツ界は硬直化している」だとか「勝利至上主義の弊害」というように教条的に物事をとらえる。それならサッカーが好きで好きでサッカーばかり見ている人のほうがよほど感じがいい。これは強く言っておきたいですね。

本筋にとどまる

本来あるべき姿は、読書や映画鑑賞、実体験などを通じて得た、自分のなかにいつしか培われた自然な教養を愛するスポーツに結びつけていく。席が空いているからといって、他で通用しなかった知識をスポーツに無理矢理あてはめるのは間違っています。

そうしたいのであれば、かつて映画批評の蓮實重彦（＊3）が草野進を名乗って野球を余興で書いていたようにとことん遊べばいい。

蓮實重彦は映画批評の一流で、スポーツの分野でことに名を高めたり、自分を輝かせる必要はなかった。だから余裕があり、したがってユーモアの気配が漂った。これに影響を受けて、当時、似て非なるものがたくさん出てきました。これも、まあ口にしてしまうと「インチキ」です。

冒頭のスポーツビジネスの話にも通じますが「席が空いていそう」という理由だけで、他のジャンルであまり通用しなかった者たちが寄ってきて、自分を輝かせようとする。いやですねえ。「まずはビジネスを学べ」です。

教養とはなにか

ひとりや孤独をおそれてはならない

教養。本書にはこの言葉がなんども登場します。いやらしい響きかもしれません。教養を強調する姿勢がそもそも教養に欠ける。本当はそうかもしれない。だいいち自分が教養を身につけていることを前提に受けとめられる。恥ずかしい。

でも、うまい言葉が見つからない。カッコつきの「教養」＝「好きでたまらぬ対象を掘り下げると、そのうちに世界が広がっていたかも」という程度の意味です。便宜的にここでは教養で通します。

「調べる」「仮説を立てる」「見る」「聞く」「書く」という作業の背景に教養がないと、どうしても原稿は立体的にならず深みも生じない。

定義は先ほど述べたように、好きなことがある→もっと知りたくなる→わからないことが出てくる→範囲を広げてさらに調べる→当初、知りたかったことの他にわかったことがあり、もともと好きなことに関連しているので、すっと頭に入ってくる——この流れの蓄積かもしれません。知識を知識で終わらせず洞察へ結びつけるイメージ。なにかをよく知っているから、たとえばサッカー選手のある仕草や発言の奥がつかめる。

いま思い出したのですが、わたしの亡き父がよく「勉強はできなくていい。教養がないのはダメだ」と話していた。そのココロを聞く機会はありませんでしたが、確かに、ここに繰り返している教養は学校の勉強、その象徴としての学歴とは必ずしも重なりません。

最近、中島らも（＊4）の本を読み返していたら、以前は素通りしていた言葉に引っかかりました。

「教養」とは学歴のことではなく、「一人で時間をつぶせる技術」のことでもある。

（『今夜、すべてのバーで』）

そうか。そうなのか。わかる気がする。中島らもを愛してやまぬ編集者がいて、思わずメールを送ったら、「わたしもそのフレーズが大好きです」とすぐに返信がありました。

ひとりで時間をすごすのは孤独でしょう。でも、ひとりはいい。スポーツライターや新聞記者も試合はひとりで見るべきです。第2章で詳しく解説しますが、記者席で多弁の人はなにかをなくしている。

そういえば、エディー・ジョーンズ（元ラグビー日本代表ヘッドコーチ）も話していました。日本の複数のトップ級チームのリクルーターが選手獲得のために大学の練習試合に足を運ぶ。すると元選手が多いためにみな、つるんで見る傾向があるんです。「彼らは絶対によくない。選手を見るときは必ずひとりでなければいけない」と。

まったく同感。ここにも教養が関係すると察します。ひとりで時間をつぶせる技術、この場合ならじっと見つめて、その人の未来を想像する力がないので隣の旧友と話したくなるのでしょう。ひとりの自分を信じていないのかもしれません。

記者やライターも同じです。ひとりでないと感受性は働かず、脳もぐるぐると回ってくれない。原稿を書くときは、ひとりなのですから。

普遍を書く

個の経験を万人のものに変換させる

個人の体験を普遍的なものにする。

文章の肝要です。プロに限らず、noteやブログを書いているファンも含めて意識したらよい。コラムの要諦でもある。普遍性のある文章なら、ときに自分だけが見たものを万人のものへと昇華できるからです。

たとえば、偏愛しているＪ２のクラブを書くとしましょう。このとき、一行か二行でかまいません。どこかに普遍的な話を入れるんです。それは富める者（素質に恵まれた選手）と持たざる者（叩き上げの努力家）の対照であったり、ゴールキーパーの不安（孤独の克服）であったり、快進撃に浮かれるファンの突然の絶望（人生！）であったり。個の経験（好きなクラブの試合リポート）を普遍的にふくらませる、いや、そこまでいかなくとも普遍を忍ばせる。すると文章がふくよかになる。

普遍性のある一行が文章をふくよかにする

以前、青森山田高校を指導していた監督（※黒田剛）が、Ｊ２の町田ゼルビアの指揮官に就任した話題を取り上げ、『Number』のコラムに書きました。主題は「下」のレベルで名将だった人物は

「上」でも実績を残せるのか。
その逆は、わかるんです。日本代表を率いてまったく勝てない指導者は、子どもを教えてもきっと結果を出せない。戦力があまりにも潤沢なら勝つ可能性もありますが、選手の実力に大差がなければ、まず勝てない。
この原稿のテーマは反対のケースならどうなのか。結論は簡単には出せません。なんとか次の一文を入れて原稿を普遍的にしようと試みました。

さえない大統領は、ぼんやりとした村長になる。

（Sports Graphic Number 1062号『BEYOND THE GAME』）

世の中の多くの人は、「元大統領が村長になればすごい」と考えるかもしれません。しかし、どうやらそうではない。この一行に普遍性を忍ばせたかった。大統領。村長。この言葉が読者をひととときサッカーの外に連れ出してくる。そう願いました。

サッカーとは別に「勝負」という競技がある

ゼルビアの新監督がどんな結果を残すのかと問われれば、わたしは勝つような気がします。それでも断定できないのは、青森山田は高校サッカーのなかでは巨大戦力だからです。もし、選手の実力に恵まれない県立高校を毎回ベスト4くらいまで進出させていたとしたら、絶対に勝つと迷いなく書けた。ただ原稿執筆時点では、そこまでの確信は持てませんでした。

でも多くの記事に目を通すと、勝負できるタイプでは、と思います。泥臭く、しっかり焦点を絞って白星をさらう雰囲気がある。理想を語るより「とにかく勝て」のイメージ。闘争論の本質でいえば、その競技とは別に「勝負」というスポーツがあるんです。勝つ、あるいは勝ち切るには、そこを制さないといけない。

わたしは高校、大学で計12年、ラグビーの指導をしていました。本性はコーチだと思っています。そこでの経験をもとに考えると、「下」も「上」も選手の扱い方に変わりはない。小学生もプロも人間です。ただしプロは矜持を持っているのでエゴがプラスに働く場合も考えられます。そのあたりに気を配れば、現時点では断定できないにせよ、結果を残す可能性は十分にある。

（※取材日は2022年11月初旬。2023年10月1日時点で、黒田剛監督率いるFC町田ゼルビアは21勝8分7敗の勝点71でJ2の首位を走っている）

共有できる思い出が文章を普遍にする

普遍に戻ります。個人的な体験をどこかで万人で共有できるようにする。難しく響くかもしれませんが、簡単な方法は思い出ではないでしょうか。子どものころの感覚や気持ちを呼び起こして言葉にする。

「ああ、高校生のころ、こんな感情になったなあ」

「こんなときにうれしかったなあ」

いろいろな思い出があるはずで、そのときの感情は多くの人に共通するものも多く、たくさんの読者に伝わります。だから文章には少しノスタルジーが必要です。共感につながるからです。わたしは昔話を書くのが好きで、絶対に文章のなかに含まれたほうがよい、と、すら考えます。

とくにスポーツとの相性は非常によい。日本列島に育った男の子であれば、いちどはキャッチボールの経験があるでしょう。それ以前にキャッチボールという言葉がすでに普遍的なのです。

「慣れないうちは、手のこのあたりが痛かった」

「グローブがないから、だれかに借りた」

こうした過去は、みんなの共通の記憶と言って差し支えありません。だから文章に思い出を入れると普遍的になるんです。以前、書いたコラムを引用します。


小学3年、福岡・天神のデパート、父親が野球のグラブを買ってくれた。

うれしくて、うれしくて、スポーツ用具売り場がピンク色に見えて、そのまま絵に描いた。わが人生で唯一の塾通いだった「カミナリ先生のお絵かき教室」で、愛称はカミナリなのに、それは優しい先生がほめてくれた。

「デパートの中がピンクに見えたら、それはピンクなんだ。君は素晴らしい」

以降、意識過剰で、なんでも変な色で背景を描き始めた少年の才能はすぐに色あせ、やがてスポーツライターになった。それでも「私のグラブ」は、いつまでもピンク色の記憶とともにある。

（東京新聞・中日新聞夕刊　2006年10月17日『スポーツが呼んでいる』）

さらに、ふたつほど、思い出と普遍の書き方の例を、過去のコラムを引用して解説します。

幼いころの記憶。

わが家にマイカーはなかった。遊園地に電車で向かうと、途中で嫌なことがある。座りたいのに座れない。酒のにおいのする老人に「僕、いくつ」と話しかけられて、どうしていいか分からなくなる。

足が疲れ、ノドは渇き、ちょっとずつ快適でないことが続いて、やっと楽しい目的地へ到着する。あれが自家用車で一直線だったら、その後の人生の「耐性」に欠けていたのではないか。たまにそう思うことがある。

大相撲名古屋場所、ＮＨＫの生中継は中止となり、夕刻からのダイジェスト番組が取組を伝えている。

「ダイジェストで」の一報に接して、ふと冒頭の思い出が頭をよぎった。

（東京新聞・中日新聞夕刊　２０１０年7月13日『スポーツが呼んでいる』）

やたらに元気のいい人間がいる。ちょっと苦手。幼いころモジモジしていた自分を思い出すのだ。もし就職の面接官なら変にハキハキしているやつは落とす。初対面なのにおかしいじゃないか。

そんな「モジモジ派」が、でも元気のいい人間ってのは頼りになるなあと実感したのは高校や大学ラグビー部のコーチ経験以来である。

（中略）

サッカーでもラグビーでも強豪国代表がぶつかる大試合とは、いわば頂点である。そこにいる22人や30人は絶対に元気に満ちているはずだ。あの場所この場所で競技をしている者たち、そのてっぺんのクリームなのだから。

ところがそうでもない。

ＣＳ放送で世界一流のラグビー試合を解説させてもらう。「こいつは元気だな」と感服するのは3回に1人くらい。なんだかションボリとした選手すらいる。その比率は日本の高校の地方大会も同じ気がする。レベルとは別の共通な現象。どんなに最高のチームにあっても、その中に「元気」と「しょんぼり」は混在した。

（東京新聞・中日新聞夕刊　2005年3月29日『スポーツが呼んでいる』）

人間の心の動きは同じ

ひとつめのわたしの思い出話は、多くの人間が経験するという意味で普遍です。

noteやブログを書いてみると、どうしてもアタマが長くなりがちで、ムダ話がふくらむ傾向があります。それはあとで読み返して、半分にカットすれば問題はありません。最初は主題にからむ過去の記憶を思った通りに書いたほうが絶対にいい。冒頭から競技について書き始めるよりも普遍性が増します。

ふたつめの原稿はスポーツの現場の実相です。

サッカーやラグビーのワールドカップで決勝に出るチームのなかにも、気の弱い選手は絶対にいるんです。小学生のチームにも元気なやつとそうでないやつにはっきり分かれます。上のレベルに行くと、弱気な人間が消えるかといえば消えません。

答えは、社会だから。気おくれする選手は相対的に一定数残っていくんです。社会って、きっとそういうものなのだと思います。ここはスポーツライティングの要諦のひとつですね。

人間の心の動きは同じで、厳密にいえばひとりひとり違うけれど、似たようなところは絶対にある。そこに技術レベルはさほど関係がない。学校でいちばん、村でいちばん、町でいちばんだったプロ野球のピッチャーが、急にメロメロになって打ちこまれる。中学生のピッチャーとなにも変わらないんです。

冷静さを失ったプロのピッチャーを目にしたら、自分が中学でスポーツをしていたときの場面や気持ちを思い出して具体的に書く。すると読者に、人間の普遍的な瞬間を伝えられるのです。

＊1 **豊福晋**（とよふく・しん） ライター、翻訳家。1979年、福岡県出身。2002年よりイタリアでライター活動をスタート。バルセロナに在住し、欧州各国でサッカーを取材。『Sports Graphic Number』などに寄稿し、著書『欧州 旅するフットボール』はサッカー本大賞2020を受賞した。

＊2 **財徳健治**（ざいとく・けんじ） スポーツライター。広島県出身。慶應義塾大学ソッカー部では全日本大学選手権大会の優勝に貢献。卒業後は中日新聞東京本社に入社。東京新聞運動部長、特別報道部長などを歴任した。著書に『サッカー・アンソロジー』などがある。

＊3 **蓮實重彦**（はすみ・しげひこ） フランス文学者、映画評論家、文芸評論家、編集者、小説家。1936年、東京都出身。東京大学教養学部教授を経て、97年に同大学第26代総長に就任。多くの分野で評論活動を展開し、『監督 小津安二郎』で映画書翻訳最高賞、『伯爵夫人』で三島由紀夫賞を受賞。

＊4 **中島らも**（なかじま・らも） 小説家、随筆家、コピーライター、ミュージシャン。1952年、兵庫県出身。『今夜、すべてのバーで』で吉川英治文学新人賞と日本冒険小説協会大賞特別大賞、『ガダラの豚』で日本推理作家協会賞を受賞。2004年、転落事故により死去。

第1章

スポーツを書く喜び

喜怒哀楽に収まらない感情を書く

表現者がスポーツにひかれる理由

ライターや写真家は人間の喜怒哀楽を描きたいのです。例を挙げるなら文章ではなく写真のほうがわかりやすいでしょう。

カメラマンがひとりの人間の心模様、ものすごく泣いたり、笑ったり、悲しんだりする姿を撮ろうとすれば、当たり前ですが膨大な時間がかかります。何十年も密着しないといけない。でもスポーツと戦争にはそれが凝縮されています。一般的な家庭の場合、撮影するのに大変な時間を要する写真を1時間半で撮れるかもしれない。だからカメラマンは、スポーツと戦場にひきつけられるのではないか。

これはライターも同じで、スポーツのただ中にはさまざまな感情が折り重なっていて、なにかを表現したいと考える人にとっては情熱を掻き立てられる。それこそが、スポーツを書く喜びではないでしょうか。

スポーツには「人生の喜怒哀楽」が凝縮する。日常の暮らしでは何年、何十年の期間に起きる歓喜や失望が短い時間、たとえばテニスコートの上のいくつかのセット、必ず訪れ

る結末に続けざまに発生する。
テニスの大坂なおみが全仏オープンを棄権した。自身のツイッターで「私は長い間、気分の落ち込みに苦しんでいて、その対処にとても苦労してきました」と明かした。

（中略）

スポーツ選手の心の健康の問題は、もっと調査され、分析もされなくてはならない。勝負を落とせば気分は落ち込む。だれだってそうだろう。そのことと深刻な症状は異なるのだけれど無関係ではない。
勝者と敗者はネット越しに分かれるだけではない。ひとりの内側に強さと弱さはともに存在する。自信と不安、恐怖と勇気はくっついている。順番に表へ表れたり、混ざり合ったりする。喜怒哀楽は塊となる。

（中略）

でも人間はそもそも、たくましくて、か弱い。アスリートもそうだ。体力やスキル、そしてピンチやチャンスという緊急事態に冷静な判断をなす知性があるからこそ、時に「もろさ」はあぶり出される。
際立つテニス選手や投手や柔道家は常に心安らかなのか。違う。あなたと同じだ。そこに尊敬を超える共感は生まれる。

（東京新聞・中日新聞夕刊　2021年6月9日『スポーツが呼んでいる』）

物事を簡単に割り切らない

いま喜怒哀楽と言いましたが、スポーツはときどき、その外にある感情に出くわす瞬間があるんです。これを書くのが楽しい。そのことに気づいたのは、ラグビーの早明戦を取材したときでした。時期ははっきりとは覚えていませんが、スポニチの記者時代だったはずです。

無名校出身の早稲田の4年生で、この大舞台でようやく出場機会を得られた選手がいました。でも、試合には負けてしまいます。とても打ちひしがれていたところに、田舎から応援にきていた親族に「おめでとう」と声をかけられるんです。満員の国立競技場で、ＮＨＫで全国放送される試合に出られた。身内にすれば喜ばしい出来事です。本人はどう反応するかなと見ていたら、ちょっと笑ったんです。人間は呆然としていても、親族に無邪気な対応をされると笑みを浮かべるんだと、あらためて知りました。

ようやくレギュラーの位置を得て、初めて全国注視の大舞台を経験した選手が、試合には負けたのに、田舎から観戦に訪れた親戚縁者から「出られてよかったね」なんて祝福されて、悔しいんだか、嬉しいんだか、思わず微笑んだまま握手してしまった。

ことさらに、そうした場面を捜すわけではない。ただ、スポーツの現場に身を運ぶと、人間の喜怒哀楽、あるいは、そこにも収まらぬ微妙な感情が、もつれたり、ほぐれたり、ばらけたりするのに、どうしても出くわす。

そして、いつしか、戦いの渦中より忘れ難い印象を残すのである。
（『スタジアムから喝采が聞こえる』）

こうした場面にいちどでも遭遇すると、自分のなかに経験として蓄積されて、また見つけられるようになります。あとで触れる「際（きわ）」とも重なりますが、人生のこれも教養のひとつと言っていいかもしれません。結局、人間には割り切れない出来事が連続して起こるんです。ちなみに前述の引用の最後に出てくる「渦中」は誤用に近い。よくないところに巻き込まれたイメージが強いからです。負けたチームの選手なのでまったくの間違いではありませんが、やはり「ただ中」くらいでよい。昔はよく調べずについ使いました。反省しております。

この「際」を深く考えないと、つい物事を簡単に割り切って書いてしまうんです。たとえば決め事が多く、自由がない高校の部活で育った人間は不幸だ、というように。でも40歳になれば、みんな楽しく暮らしているかもしれない。人間なんて、そんなものだと思いますよ。

自分だけが見たものが根づく

これまで取材したなかで、もっとも心を揺さぶられた試合を挙げるのは難しいですね。ひとつ言えるとすれば、意外とビッグゲームではありません。大きな試合は、みなが語り尽くすので、すぐ忘れてしまう。自分だけが見て、気づいたものが根づく感じですね。

この話はいくつかの媒体で書いていますが、ずいぶん昔のラグビーの大学選手権で、明治大学と福岡大学が対戦しました。会場は福岡の平和台競技場で、力関係でいえば、福大は100点を取られてもおかしくない。キックオフ前の円陣で選手たちが緊張していると、あれは部長さんだったらしいけれど、こう言った。「安心しろ、君たちには福大病院がある」。こういう逸話は一生忘れませんね。「君たちには福大病院がある」。シナリオライターでは思いつきませんね。ケガしても問題ない。とにかくタックルしろと。

ラグビーのワールドカップ日本大会（2019年）もウルグアイがフィジーに勝った試合がいつまでも心に残ります。サッカーの国のウルグアイでラグビーをする人たちには特有のスピリットがある。いわゆる上流階級の子弟の通う私立学校の卒業生が大半。社会的には恵まれた層の人間がマイナー競技に打ち込んでいる。セルフ・ビリーフ、自尊心が強いので戦力に劣ろうともねばりがある。こうした態度を格上のフィジーに対して遺憾なく発揮した。試合後に、釜石まで駆けつけたウルグアイの元選手だろう中年や老人が肩を組んで泣いていた。黙って泣くんです。あれにはまいりました。いつまでも覚えているでしょうね。

スポーツの自由とはなにか

言い訳が通用する世界は不自由

人間は自由だから人間なんです。それこそが前提であり結論。スポーツなんてまさに自由です。理由は結果がはっきりしているから。物理的な生死には至らないまでも、勝ち負けによって大きな歓喜やショックがある。つまり結末が勝者と敗者にきれいに分かれるから自由なんですよ。勝ちは勝ち、負けは負け。内容はどうあれ認めるほかなく、言い訳が成り立ちません。

言い訳が通用する世界は不自由です。政治を見ていてもわかるけれど平気で嘘をつく者が堂々とのさばっている。そうなると、威張っている当人の側を含めて、みんなが息苦しくなってくるんです。

その点、スポーツは圧倒的に自由です。どんなに努力を重ねても、相手の能力が高ければ負けるときもある。誤審が敗因になる例もなくはない。結末を決められてしまうんです。そして、受け入れなければいけない。だから自由なんです。もちろん、そこに至るまでは徹底的に努力を重ねる。はかないゴールめがけて青春を費やす。それが自由。

スポーツには勝負がある。コンクールと違って具体的な「敵」と戦う。「努力で素質の差

を縮めて学業成績も優秀だった」という評価は周囲がしてくれるのであって、当事者にとっては、サッカーならサッカーに負ければ、ただの負けだ。なんと自由なのだろう。

(東京新聞・中日新聞夕刊 2008年4月1日『スポーツが呼んでいる』)

「負けを素直に認める」＝スポーツの真髄

言い訳は人間を窮屈にします。うまくごまかして言い逃れられるのも息苦しい。どれほど努力したところで負けは負けと明確なほうが絶対に自由なんです。

でも、プロになると少し事情が変わってきます。あの悪魔の言葉、「ステークホルダー」の存在が言い訳を必要とさせるからです。わたしの信奉している大西鐵之祐さん(＊1)は、その話をよくしていました。あの人は独自のアマチュアリズムを唱えた。互いに「借り物」がない者がぶつかれば、負けを素直に認められる。そこにスポーツの真髄があると。

しかし、プロは負けたとき、優れた相手に「お見事」と言えなくなります。スポンサーのような利害関係者へ弁解、言い訳をしたくなる。素直に「負けました」とはなかなか口にできない。

大西さんのアマチュアリズムは社会との関連ではなく、勝負そのものから発想されている。闘争の先の絶対的に自由な境地をつかんでいたのです。本人は「なかなか学問にはなりにくい」と話していました。

「本物のプロ」は純粋になる

ラグビーで議論になる「ビデオ判定の乱発」もしかり。誤審ひとつが「報酬」や「支援額」にかかわるので厳密になる。ステークホルダーの影です。スポーツの現場から自由が奪われ、余白がなくなってきています。

他方で大西鐵之祐さんは「プロはプロらしく。本物のプロはいいものだ」ともよく話していた。野球やサッカーの超一流のように巨額の報酬を得ると、かえって金銭に執着しなくなるとも。「ワールドカップの決勝でゴールを決めたらナンボや、なんて考える人間はいない」と言っていた。あの人が嫌っていたのは大学教授が自分の研究領域とは異なる分野のコマーシャルに出るような行為です。「偽プロだ」と嫌悪していましたね。

アマチュアリズムは難しい問題です。社会の階級に視点を移せば恵まれた側の考え方ともとらえられる。食うに困らず、スポーツに金銭を介在させる必要がない階層の理想論だと。反論しづらい事実です。それとは違う「決闘で自由にあるためのアマチュアリズム」を説いた。

（※アマチュアリズムとプロ化について、前項の「喜怒哀楽に収まらない感情を書く」で触れたラグビーのウルグアイ代表を題材に書かれたコラムを一部引用します）

ウルグアイが釜石鵜住居（うのすまい）復興スタジアムでフィジーを破った。30―27。4年前の日本の南アフリカ戦勝利とも重なる快挙だ。見上げると見事な青空、同じ色のジャー

ジーをまとった勝者の感情は観客にたちまち伝わる。特別な場所で特別な出来事は起きた。「プロ精神を発揮できた」

小さな体に特大のハート、背番号6のファンマヌエル・ガミナラ主将のコメントだ。言葉の意味は深い。前回大会のウルグアイにプロは4人だけ。「最後のアマチュア」とも呼ばれた。昨年2月の予選突破後、協会が選手と契約、米国新リーグへの参加者も増えて「31人中22人がプロ」（エステバン・メネセス監督）。だが欧州の一流クラブ在籍の選手を多数含むフィジーと比較しても実態は「セミプロとアマの混在」に近い。競技人口は「4500」程度だ。

ではプロ精神とは。ガミナラ主将が言い切った。

「それは金銭とは何の関係もありません。私たちが示した献身と情熱と自己犠牲のことなのです」

アマがプロのごとく努力して、プロはアマのように純粋となる。ラグビーだ。

（東京新聞・中日新聞　2019年9月28日『ラグビーが呼んでいる』）

「好きでたまらない」は強い

シナリオライターにも書けない言葉

好きでたまらないことをしている人の近くにいられるのは幸せです。「好きで好きでたまらない」。なんというのか高級な感情です。その対象が、ある意味で無邪気とも言えるスポーツであればなおさらです。わが民族は好きだけど、他の民族は嫌い。そうした狭小とは別次元の心の動き。ただただ、アマチュア相撲が好き。人生の本物の喜びです。

なにかを愛して、その感情に浸っている人は、いいことを言うし、おもしろいことを考える。そして、好きでたまらぬ対象を愛する自由を冒されたくないので、胸の奥にフェアネス、嘘やズルを許さない心が大きく広がっていく。

２００４年に日本で初めてラリーの世界選手権（ＷＲＣ）が行われ、『Number』で取材したのですが、会場に集まっていたラリー好きたちの言動が本当におもしろかった。当時を思い出して書いたコラムがあるので一部抜粋します。

全国から熱烈なファンが集まった。大好きな対象に浸る者は詩人や哲学者になる。沿道の名言を採集した。

「網膜に焼き付けなきゃ」

初老の男性が言った。ビデオ撮影にばかり精を出す不特定多数への違和感の表明。なるほど。以降、スポーツの現場で携帯端末を構えるのをやめた。

音も大切だ。日常生活ではうるさいだけのエンジンの響きがいとおしかった。「こんなに音楽、流しちゃって」。別の愛好者がつぶやいた。なるほどスピーカーの景気づけの旋律は満開の桜にくくりつけられた造花、いかにも不要だった。

（東京新聞・中日新聞夕刊　2022年10月26日『スポーツが呼んでいる』）

珠玉の名言の数々です。「網膜に焼き付けなきゃ」ってすごいですよね。ビデオを撮っている人への皮肉ですが、いやな感じがしません。「こんなに音楽、流しちゃって」もいい。エンジンの音だけで十分で、盛り上げるための音楽はいらない。こういう言葉は、シナリオライターには書けませんよ。本当にその対象を愛している人はひとりで網膜に焼き付けます。

ほれた対象を深く考える

ボクシング会場の後楽園ホールのリングサイド席に常連の初老男性がいました。四回戦を見ながらつぶやく。「なんとなくいいなあ」。ともにデビュー戦の選手が互いに恐怖を感じながら勇気を持って打ち合う。技術的には拙いけれど妙に緊張感がある。そこでその一言。表現はふわっとしているのに、本質を突いていて、こういうのが最高のヤジ。好きだという感情はそれだけすごいんです。

ジャズのトランペッター、チェット・ベイカーのドキュメンタリー映画（『Let's Get Lost』）にいつまでも記憶に残る言葉があります。麻薬に溺れ、破滅的な生活を送り、アムステルダムのホテルで転落死してしまう無頼の男が、自分の子どもたちを諭す。細部はあやしくなっていますが、わたしは次のように覚えています。

「人生なんて楽勝だ。本当に好きなことを見つけて、それが他のやつよりちょっとだけうまければいい」

なんというのか「好き」の威力ですね。スポーツライティングに置き換えれば愛すべき競技と出合えたらすでに幸せなのです。そのうちに愛すべきライティング、ライターが見つかる。好きなスポーツという枠があって「好きな書き方」もくっきりとわかる。そして、ちょっとだけうまければ…。

ほれ込んだ対象を書きたい。そのことについて深く考える。すると自然に「考え」は外に出ようとする。ライクでなくラブ。どんな対象であれ偏愛はまわりを幸せにするし、いやな感じはしません。わたしはそう思いますね。

スタイルの確立

新庄剛志に見る指導者の資質

新庄（剛志）がまだ現役で北海道日本ハムにいた当時、沖縄キャンプを取材しました。次の光景をよく覚えています。日焼けしたおじさんが「サインしてくれ」と飲みかけのペットボトルを差し出した。ちょっと失礼かな。さて「どうするだろう」と気にかけていたら、すごく喜んだ。本当にうれしそうで、ああ、この人は「徹底的に他者と違うことが好きなんだな」と思いましたね。

以降に引用するコラムは、後年、新庄が古巣の監督に就任したときのものです。

蛇、長すぎる。歯、白すぎる。

北海道日本ハムの新庄剛志新監督の就任会見にそんな言葉が浮かんだ。この世でいちばんホワイトな前歯の並びにスキのない自己演出、自分らしくあることへの揺るがぬ意思は示された。

指導歴はない。アマチュア、たとえば、高校や大学の野球ならコーチの経験もないまま監督を務めたら、まず勝てない。巨大戦力があっても苦しむ。

（中略）

「現時点で、シンジョー加入による新しい風は吹いている」。これ、実は17年前のキャンプでのコメントである。当時の日本ハムのトレイ・ヒルマン監督が筆者のインタビューに新加入の人気者を語った。そして続けた。

「どのように人々の耳目を集めるのか熟知している。それでいて他者を思いやる気持ちを忘れない」。

（中略）

コーチング未経験で勝ちまくるほど甘くはない。ただ新庄監督は「自己愛と他者への関心が削り合わない」という一点においてスポーツ指導に向いている。自分なら嫌な気持ちになることを選手にしない。それだけでもチームは前へ進む。

（東京新聞・中日新聞夕刊　２０２１年11月10日『スポーツが呼んでいる』）

他者と違っていたい気持ちに嘘はない。

加えて、自己愛と他者への関心が共存しています。他者をよく見ているのに徹底的に自分が好き。それが他者への冷たさにならない。だから、案外、指導者には向いていると思います。ただ、こういう人のまわりにはどうしてもステークホルダーがたくさんいるので、そこが心配といえば心配ですね。そもそも球団のひとつの狙いも新球場移転にともなう集客であるのは間違いないでしょうから。

ただ、新庄監督は野に放り投げられたら、きっと、よい指導者になる。「自己愛と他者への関心が削り合わない」。コーチ、監督に欠かせぬ資質ですよ。

自分らしく生きようと思う必要すらない

本来はどちらかに偏ってしまうのが普通だと思います。

自己愛は大切です。自分を好きではない人は他者を指導してもうまくいかない。自己愛が強く他者に無関心な人もいる。あくまでわたしの直感ですが、新庄は珍しいタイプ。そもそも人間は、自分のことは好きでしょう。だから自分を好きになる努力をするなんて、それ自体がおかしい。

先日、埼玉のとある高校で「言葉と文化」をテーマに講義を行いました。

このとき生徒たちが関心を示したのが「自分らしく生きる」ことでした。諭す意味でも「自分らしくなんて過度に考える必要はない。自分は絶対に自分なんだから」と伝えると、こんどは「じゃあ、自分らしく生きればいいんですね」と返ってくる。それも間違いではありませんが、わたしは「自分らしく生きようと思う必要すらない」と伝えたかった。自分は自分でしかありません。いまの高校生はそこに強い関心がある、とよくわかりました。

話を広げると、自分がどんな職業に向いているのかと考えるのも、あまり意味がありません。わたし自身は数学が不得意だから経理部には配属されたくないと考えた。それは動物が生きていくための本能や知恵のようなものです。でも、「この会社とあの会社はどちらが合っているだろうか」と細部を比べて悩んだところで、入社してみないとわからないでしょう。他者に求められたり、称えられて、思わぬ能力が引き出される。それも人間の本来の姿ではないか。高校生にも同じ話をしました。どの大学に進むかといった、おおまかな方向は悩んでもよいでしょうが、究極的な問題はそこにはありません。たまたま進んだ道で自分でも想像していなかった能力が引き出される。発見され、発見する。よくある話です。

自分が書けばすでに自分らしい

書くことも同じですよ。自分が書けば自分らしい。「自分らしく」なんて考えて書かれた原稿はあまりよくない。

ただプロとしてのスタイル、生き残るスキルは必要です。映画監督の小津安二郎（＊2）を例にすれば、あの有名なローアングルで撮る。好みであると同時に戦略でもあるんです。小津安二郎は絶対にローアングルだと認識させる効果があります。

スポーツそのものも同様で、サッカーやラグビーも、まずは戦法というスタイルを掲げないと前へ進めない。ただ荒野に放り出されても、どうしてよいかわかりません。

スタイルはそれほど重要です。

ここからの話はだれを対象とするかで変わりますが、もしプロの記者やライターになって3年目くらいだとすれば、書き出しを読んだだけで、その人の作品とわかるのがよい記事だろうと。ただ、それを意識するのもおかしい。先ほどの「自分らしく生きる」と同様、自分が書けば自然とそうなるはずです。

読書を好まない書き手もいる

文章のスタイルにもいろいろあって、ここで、ひとり挙げるなら、野坂昭如（＊3）ですね。句点をほとんど使わず読点を重ねて書く。明確なスタイル。独自の方法は、しかし、ただの奔放ではまったくなく、推敲に推敲を重ねたとわかる。細部まで神経が行き届いている。

新聞記者からライターになった人は読点に頼って一文を短く切る。やはり、そのうえで細部まで神経を張りめぐらせるかで評価は分かれる。

スタイルがある。そのスタイルは自由だ。そこで推敲を怠らず、たとえば取り置きの言葉に頼らず、といった「うまさ」や「きれいさ」に挑んでいく。

わたしはこの仕事を始めた当時、海外のスポーツライティングの翻訳をよく読んだので、無意識に倒置法を用いる。これも書き出しと同様、自然と身につきました。若いころ、同業者に「英語の書き方に似ている」と言われて、初めて意識しました。

わたしは小学1年から活字中毒で、団地の台所に四つん這いになって、家に届く毎日新聞を本当に毎日読んでいました。その様子に「この子は将来、東大に入る」と親は確信したらしい。でも人生はそうはならない。まあ、最初から活字が好きだったんです。その蓄積は現在の文体と関係している。そこは確かでしょう。

先ほど述べた埼玉の高校は、大学のように好きなテーマを自由に研究したい生徒が集まっている。後日、聴講生が感想を送ってくれた。ある女子生徒はこのように書いていました。

「紙の本を開くと、主人公に自分が溶け込んでいくような感じがする。読書が好きになって世界が広がった」

醍醐味のひとつですよね。

実は本をあまり読まない書き手はかなりいます。以前のわたしは無邪気に、この仕事を志す者は読書好きに決まっていると思い込んでいた。やがて、そうでもないとわかってきました。読まない書き手でも読者を楽しませる。売れっ子もいるはずです。世界は読書家だけではできていない。

ここまでもこれからも本書に記したのは、あくまで、わたしの手法で、そこは強調しておきます。結局はスタイルの話なのです。

＊1　**大西鐵之祐**（おおにし・てつのすけ）　ラグビー指導者、スポーツ社会学者。1916年、奈良県出身。第二次世界大戦では陸軍で過酷な戦闘を経験。母校・早稲田大学の監督に3度就任。66年からは日本代表監督を務め、日本人に適した戦法をつくりあげた。イングランドXVとの激闘（71年）は現在でも語り草となっている。95年、死去。

＊2　**小津安二郎**（おづ・やすじろう）　映画監督、脚本家。1903年、東京都出身。27年に時代劇『懺悔の刃』で監督デビュー。人間の機微をとらえ、ローアングルでの撮影にこだわった独特の手法は「小津調」と呼ばれ、『晩春』『麦秋』『東京物語』『秋刀魚の味』などの名作を数多く残した。63年、死去。

＊3　**野坂昭如**（のさか・あきゆき）　作家、作詞家。1930年、神奈川県出身。処女作『エロ事師たち』が三島由紀夫らに高く評価されるなど注目を集める。みずからの戦争体験をもとにした『火垂るの墓』『アメリカひじき』で、68年に直木賞を受賞。政界にも進出した。2015年、死去。

第2章

見つめる・仮説を立てる・調べる

見つめる

見つめるから自分らしくいられる

スポーツライティングの要諦のひとつが仮説です。仮説を立てる。そのうえで調べ、聞き、書く。仮説の詳細はあとの項目で詳しく述べるので、ここでは前段階の話を。

ただ「見る」のではなく、「見つめる」。これがすべての前提です。「見る」という行為に明確な意識を介在させて、考察につなげていく。どんな競技のどんな試合でも、ひとりの選手をずっと見つめていたら書けます。

わたしはラグビーでもひとりだけをよく追いかける。そこで印象に残る場面、仕草、選択について「あのとき、なぜ、あのポジションにいたんですか」というふうに質問する。選手は見てくれていると安心するし、なにより自分だけの原稿が書けるんです。

そして、この「自分だけ」がアート、芸術へとつながっていきます。

作家の坂口安吾の『教祖の文学』(＊1)のなかに芸術ついての一文があるので引用します。

自分だけのものが見えるから、それが又万人のものとなる。芸術とはそういうものだ。

大好きな言葉です。芸術とはなにかを的確に表しています。スポーツライティングはもちろん、ものを書くことの基本、いや、ほとんどすべてと言ってよいでしょう。「見つめる」行為を通して、自分だけのものが見えて、それを書く。書いていておもしろいし、うまく書けば読者にも興味を持ってもらえる。

画家のロバート・ヘンライ（＊2）は著書『アート・スピリット』にこんな文章を書き残しています。

芸術を学ぶ者は最初から巨匠であるべきだ。つまり、自分らしくあるという点で誰よりも抜きんでていなければならない。

スポーツを見つめて感じたり、考えた「なにか」を選んで書く。目に見えたものすべてを書くわけではない。選んだことを書く。だから、あなただけの世界になる。そして、あなただけの世界が多くの人の世界になる。

「なんとなく」見てはいけない

見つめる行為、アートについては、アメリカの作家、ウィリアム・サローヤン（＊3）の『パパ・ユーア　クレイジー』に好きな記述があります。ストーリーは、妻と別れた作家である父親が、少年の息子を連れて海辺の街に移住し、ただ語り合う。父が子に「アートとはなにか」を諭す場面があります。

アートって、本当は何なんだろう。そして、人間って本当は何なんだろう、そして世界って本当は何なんだろう。僕には全然判らない。

海の中へ太陽が沈んでゆくのを、眺めながら、僕の父がいった。

「どの家庭にもアート用のテーブルがあって、その上にはいろんな物が一つ一つ置かれていて、その家の人たちは、その物を非常に注意深く観察したり、その物に出会ったりすることができる——そんなふうにあるべきだと思うね」

「あなたならそういうテーブルにどんな物を置くの？」

「一枚の葉、一つの貨幣、一箇のボタン、一箇の石、引き裂かれた新聞紙の小さな断片、一箇の林檎《りんご》、一箇の卵、一つのすべすべした丸い小石、一輪の花、一匹の死んだ昆虫《こんちゅう》、靴《くつ》の片一方」

「誰《だれ》だってそういう物は見たことがあるよ」

「それは見たことはあるだろう。しかし誰も見つめた人はいない。アートとはそれなのさ。ありふれた物を、それらが今まで一度も見られたことがなかったかのごとく見つめるということなのさ。タイプされた一枚の紙、一本のネクタイ、一つのポケット・ナイフ、一箇の鍵、一本のフォーク、一つの茶碗《ちゃわん》、一本の壜《びん》、一つの鉢《はち》、一箇の胡桃《くるみ》」

よい記者はしゃべらない

駆け出し記者のころ、この本の翻訳を担当した俳優で映画監督の伊丹十三（＊4）が、「しかし誰も見つめた人はいない。アートとはそれなのさ」と語るのを聞いた。確か、映画館のゲスト登壇者としてスピーチをしたのだと思います。いい言葉だと感じ、以来、なんというか無意識の座右の銘としてきた。

つまりは、「なんとなく」見てはいけない。常に意識を介在させる。

スポーツも変わりません。ゲームの構造は複雑で観察と凝視こそがふさわしい。同じシステムであっても、じーっと見つめていれば、なにかに気づく。ついでに。試合に集中すれば記者席で無口になる。序章でも少し触れましたが、よい記者は試合の帰りの酒場でしか口を開きません。

凝視して思いつくのがよい質問

前述したように、ひとりの選手を見る。見つめていれば、なにかがわかる。凝視すれば必ず書いてよいことを得られる。

ラグビーの劣勢の試合。ひとりだけ奮闘する選手がいる。観察して、ちょっとした仕草に気づく。それを試合後に質問すると、その人の大事にしていることを聞き出せるんです。これはよくあることで、わたしもなんども経験し、原稿に反映させてきました。「あの場面、サボりませんでしたね」と質問されれば、聞かれた側は悪い気はしない。口も滑らかになるかもしれません。結果、自分だけの記事が書けるのです。

わたしはサッカーでもひとりの選手を見るのが好きです。たまにそうしてコラムを書きました。たとえば明神智和。序章で話した通り、東京新聞の財徳さんに教えられた話がヒントにもなっています。

贅沢させてもらった。ずっと明神智和だけを追ったのだ。

サッカーのJリーグ、柏レイソルの「ボランチ」。中盤の引いた位置で攻守のバランスをとる役目だ。昨年のワールドカップ日本代表の欠かせぬ一員でもあった。

前々からスタジアムで「明神だけを見続ける」計画を立てていた。いい選手だとわかっていたからだ。

1メートル73センチ、66キロ、サッカーマンとしても決して大きくはない。足も速くはない。華麗なテクニシャンでもない。なのにジャパンで26試合に出場、とりわけトルシエ前監督は「空気」みたいにそばに置き続けた。ただし明神の「いい選手ぶり」は、テレビ画面では明らかにならない。もっぱらボールのないところでこそ銀の光を放つ。つまりカメラの向かない場所で。

以下、7月26日のジュビロ磐田戦、明神ひとりを双眼鏡で追いかけての結論。本当にいい選手だ。こんな男がラグビーのジャパンにも欲しい。

素早く危機を察知して、いちばん弱いスペースを埋める。先を先を読みながらも、いよいよ突破を許しかけると、意を決してボール奪取をもくろむ。そして必ず奪ってみせる。何が起きてもあわてない。あきらめない。現実を潔く受け入れ、速やかに対応、審判の判定にも感情的にならず、優勝圏外のチームにあって最後の最後までベストを尽くした。

味方が華麗なパスを出す。チャンス、ただし相手ディフェンダーにぎりぎりさらわれると前がガラ空きだ。その瞬間、自分のパスにうっとりとして動きをやめた同僚を尻目に、明神が危ない空間へ走り込んだ。ざっと30メートル。もしパスが通れば（その確率がうんと高い）ただの徒労だ。

また、さりげなく2、3メートル先に繰り出される短いパスも、勢いはきちんと殺され、受け手の利き足を考えて角度が調整されている。つくづく見事だ。

（スズキラグビー　コラム『友情と尊敬』第13回「いい選手について」）

「生血」を受けるために見つめる

この項目の最後に、2018年に東京新聞・中日新聞のコラムを紹介します。黒澤明監督の作品の脚本で知られる橋本忍（＊5）の追悼にからめた内容ですが、著書に「見つめる」行為の心得を記しています。ちなみに新聞表記では「黒澤」は「黒沢」に直されます。

脚本家の橋本忍さんが100歳で天へ向かった。黒沢明監督の「羅生門」で世に出た才能である。共同脚本で「七人の侍」も手がけている。

スポーツコラムの書き出しなのに変だろうか。

8年前の夏、近所の書店で、この人の「複眼の映像」を買った。文庫化で平積みにされていた。

読み始めて、そこの箇所で「おっ」と声が出た。文章の迫力に驚いて。ついで、これと同じようなことをスポーツの一流指導者も話していたなあ、と思い出して。いま確かめると26㌻からだ。

原作があって脚本にする。その心得を師に語る。

「牛が一頭いるんです」

柵の中で飼われているので逃げ出せない。

「私はこれを毎日見に行く。雨の日も風の日も…」

やがて急所がわかる。ようやく柵に入って、暴れる前に鈍器で仕留める、バケツで流れる血を受ける。

「原作の姿や形はどうでもいい、欲しいのは生血だけなんです」

知人の映画監督に興奮して伝えたら、業界ではよく知られた一節だった。ラグビーの名将、元日本代表監督の故大西鉄之祐は25年前、筆者の質問に答えて、海外でコーチングを学ぶ際の心構えをこう述べた。

「強いチームの練習を何日かパッと見て、こんなことをしているなんてメモを取ってもあかんのや。ビデオに撮るなんてもっとあかん。あとで確かめればいいからと集中力がなくなる。そうではなくて毎日、毎日通い続ける。じっと観察する。すると、そのチームが大切にしていることがわかる。それが本物なんだ」

見るのではなく見つめる。これができそうでできない。どうしても「生血」を捉える前に角や揺れる尾に気をとられてしまう。

体をほぐすウォームアップ。じっと目を凝らす。決められた距離をシャトルのように往復する。線より手前で引き返すのは論外、まじめに走るのは普通、ターンの瞬間、手の指先をちゃんと地面につくチームは強い。強くなくても粘れる。

50人の部員がグラウンドを回る。まだコーチがいないのに、一人もコーナーをショートカットしない。10センチすらしない。新入生にも笑顔が浮かぶ。でも気を抜かない。もしそうなら、その集団には「強制を嫌いながら不誠実を憎む」文化が浸透している。

よい映画の脚本は、ストーリーが簡潔で場面は完璧だ。スポーツも似ている。「縦へ。ただ縦へ」。単純に聞こえても、縦への走り方が細部まで練られていれば、そんなに負けない。

（東京新聞・中日新聞夕刊　２０１８年７月28日『スポーツが呼んでいる』）

橋本忍は原作を映画脚本にする心得を、柵に囲われた牛を見る行為にたとえています。とにかく見つめる。そして急所がわかれば一撃で仕留め、生血だけを集める。つまり見つめ続ければ、原作の肝、核となる部分に気づける。そこさえわかれば、ほかにはなにもいらないのです。確か共同通信も「牛が…」を引いて追悼記事を出していました。重なったのは少し悔しかったですが、「見つめる」行為がいかに大切かを示しているとも言えます。

思考の軸をつくる

「木を見て森を見ず」にならないために

試合を見る、いや見つめる。選手や関係者にインタビューをする。スポーツライターが原稿を書くには当然、取材が必要です。

素材の収集にあたって重要な点は「仮説を立て、思考の軸をつくる」こと。そのうえで「見る」「聞く」に進む。自分の内側に思考の軸や仮説がなければ、荒野をさまようのと同じで、目の前の事象に引きずられてしまいます。

サッカーを例に挙げるならば、「システムがどうした」「きのうの練習でなにがあった」といったものばかりに気を取られてしまう。当然、それらも大切な要素ですが、眼前の事象だけを追うと、「木を見て森を見ず」に陥る危険性がある。

前項で触れた通り、スポーツである以上、フィールドを見つめる行為は絶対に欠かせません。しかし、その手前で仮説を立て、思考の軸をつくらなければならない。

そして、仮説の形成の手がかりとなるのが、序章でも触れた「教養」です。

教養が仮説を補強する

前回のサッカーワールドカップ（カタール大会）で、日本が所属していたグループリーグの最終節を例に考えます。ところでグループリーグは言葉としておかしい。やはり「プール」ではないでしょうか。

話を戻します。

このとき同組のドイツがノックアウトステージへ進むには、コスタリカに勝ち、さらに日本対スペインの結果にも委ねられていました。そこで仮説を立てます。

そうであってもドイツ代表は歴史的にねばり強いから、最後は逆転する。

この根拠となる、あえてこの言葉を続けますが。教養は（ゲイリー・）リネカー（＊6）のかつての発言です。

「フットボールは単純なものだ。男たちが90分間駆け回って、最後はドイツが勝つ」

これを知っていることが「最終的にはドイツが勝ち抜く」という仮説を補強してくれる。思考の軸を得てから勝負を見られるのです。

日本がスペインを破ったために、ドイツは次のステージに進めませんでしたが、翌日、英国のＢＢＣ放送のホームページには、やはり先のリネカーの言葉を引いた記事が掲載されました。ドイツは常に勝つはずなのに今大会はそれだけのオーラがなかった。オーラという単語は実は使われていませんでしたが、いつもの強固なディフェンスが失われ、勝ち進むには致命的な欠陥があったという内容が難しそうな英語で記されていました。

教養が想像の根っこになる。「ドイツは追い込まれた状況でねばり強さを発揮する」。反対に「教条的スポーツマンシップが背景にあるイングランドは歴史的に勝負弱い」。こうした表現は俗っぽくもある。本当に正しいかも不明だ。しかし、リネカーのコメント同様、仮説の補強にはなりうる。ドイツやイングランドを見るときに思考の軸や枠組みをつくりやすいので、地図なしに荒野をさまよわないですみます。

過去を知れば原稿が立体的になる

教養は過去に学ぶ。

だから、時間軸の概念を忘れてはいけません。他者が過去に記したり、示した事実や表現をもとに知識を得るのはスポーツライティングの要諦ではないでしょうか。

サッカーの例ならイングランドとポーランドの関係性もそのひとつです。1973年のヨーロッパ予選で、イングランドが攻めに攻めたにもかかわらず、ポーランドの堅守により引き分けに持ち込まれた。その結果、サッカーの母国がワールドカップの出場を逃す。ウェンブリーの有名な勝負です。

実際、形式ではアマチュアであったポーランドは強かった（※翌年の本大会で3位）。仮にこれからどこかで両国がぶつかれば、このドローの決闘でひとつ書けます。

当時のポーランドには、ヤン・トマシェフスキーという神がかったゴールキーパーがいた。おかしなほどイングランドのシュートをつかみ、はね返した。『BEHIND THE CURTAIN』（ジョナサン・ウィルソン著）という書があります。ヨーロッパの冷戦時代の「鉄のカーテン」の向こうであった東側諸国のフットボールを描いた一冊です。

やはりトマシェフスキーについての記述もありました。何年がすぎてもロンドンのヒースロー空港の入国検査官に「あのときは、あなたにやられました」とささやかれる。いい話ですね。

すべてを記憶していなくても、また学術のように正確に記録していなくとも、なんとなく「ポーランドは昔、イングランドとすごい試合をしたよな」であるとか「トマシェフスキーというキーパーがいたな」と頭に浮かぶ。すると、そこから「調べる」という森に分け入ることができる。原稿がただの観戦記で終わらないのです。

世界中の記者が狙う『チュニジアの夜』

物事を丁寧に考える。たとえば、「アフリカ勢」とよく見聞きしますが、実際には北アフリカと中央アフリカ、南アフリカではまるで違う。人種の構成や宗教、宗主国、スポーツの歴史に至るまでひとつずつの国は異なっている。さらに調べると興味深い情報が見つかる。たとえばアフリカ大陸の少なくないチームには呪術師がいる。彼らはなにを施すのか。

こうした情報を事前に確かめ、集めておけば、それを素材に原稿を書けます。無理に書かなくても、なにかが起こったときのためにストックできる。

チュニジアであれば、わたしはジャズの名曲を思い出しますね。『チュニジアの夜』。まあジャズ好きはみんなわかるわけです。チュニジア代表が夜間照明のもとで事を成したら『チュニジアの夜』。世界中の記者が狙っていますよ。これもまた俗っぽい。でも知らないよりは知っているほうがよい。

仮説を立て決めつける「ふり」をする

教養、知識。だんだん鼻についてきますね。いやらしい。くどい。でも、でも、それらをもとに思考の軸、枠組みをつくる他はない。仮説を立て、決めつける。厳密には「決めつけるふりをする」感じに近いですね。

スポーツだから、いかに仮説を立てたところで、結果が想定と違う場合はいくらでもあります。ただ仮説がないと間違えることもできない。繰り返しですが、仮説を立てずに見つめても、いたずらに現実に引っ張られるだけです。「でも結局はドイツが勝つぞ」と仮説を立てておくと、きょうのドイツはドイツではなくなっていた、と書けますから。

「これはこれでおもしろい」の精神

そもそもライターや記者は、チームや選手の直接の関係者ではありません。だから仮説が裏切られたところで、特段の影響はないんですよ。

ならば自由に仮説を立てる。ドイツとの対比で言及した「イングランド代表の勝負弱さ」なら思考はこう流れます。

わたしの印象では、イングランドはＰＫ戦になるといつも負けるんです。前述した、国民に刷り込まれた潜在意識、スポーツマンシップに関係がある。これもひとつの仮説です。そんな勝負弱いはずのサッカーの母国が、仮に勝負強いドイツにＰＫ戦で勝ったとすれば、それはすなわちニュースですよ。間違いなくおもしろい「事件」だ。

割り切って考えれば、結果はどちらに転んでもかまわない。どうでもいいからこそ、先に勝敗を予測しておく。決めつけるふりをする。結果がどうなろうとも、「これはこれでおもしろいじゃないか」と受け入れる。わたしの愛する三上寛（＊7）のフレーズです。

これはスポーツのひとつの特権ですね。たとえば、ロシアのウクライナ侵攻を「これはこれでおもしろい」なんて絶対に書けない。でも、スポーツなら違います。日本代表が勝とうが負けようが、その競技の範疇の出来事にすぎませんから。

仮説を立て調べる

仮説を立てるからこそ「調べられる」

取材においてもうひとつ大切なのは事前にしっかりと調べること。入念な準備をしないと幸運は訪れてくれない。スポーツライティングもスポーツと同じですね。

「調べる」にも、仮説はかかわってきます。仮説がないまま調べても膨大な資料の山に埋もれて、行き先を見失ってしまう。前項のドイツ代表の話を例にすると、勝負強さを発揮した過去の試合や、似たような窮地を脱した事例を先に調べておく。

教え子に学んだ「仕事とは調べること」

スポーツライティングに限らず、仕事とは「調べること」である。

国立高校ラグビー部のコーチをしていたときの教え子から学びました。東京大学でもラグビー部に入り、キャプテンを務めた人間です。

わたしの記憶では、確か東大の主将に就任するタイミングで相談に来ました。話の流れで、「就職どうするの」と聞いたら、「仕事というのは調べることだと思うので、なにかを調べる仕事をしたいと思います」と返ってきました。選択肢はふたつあって、ひとつがジャーナリズムで、もうひとつが家庭裁判所調査官（＊8）。最終的には報道を選んで民放の記者になりましたが、とにかく彼が発した「調べることが仕事だと思う」には納得させられました。コーチは教え子に学びます。これは幸せなことですよ。

おそらく、彼は就職するにあたって、ただそうしたかったんだと思います。でも鋭い。のちに国連担当になり、ニューヨークへ行く前にも会いましたが、わたしは「国連になんか行かないで、下町の散髪屋を取材しろ」と言いました。昔、ニューヨーク・タイムズの記事を読んだんです。ただの庶民的な散髪屋なのに、頻繁に訪れる著名人が正規料金の何十倍ものチップを置いて帰るために、すごくリッチになった、と。

少し話が脱線していますが、ストーリーこそ報道にとって重要なんです。スポーツライティングも同じ。次の第3章で詳しく話します。

スポーツだからこそ「人間」を調べる

「調べる」に戻ります。スポーツライターも「調べる」が仕事です。間違いありません。ラグビーのテレビ解説でも、とくに海外の試合では、各選手のバックグラウンドをなるだけ探ります。視聴者にウケようと思っているのではなく、わたしがそうしたいだけです。人となりを知ったうえで見たほうが断然おもしろい。

情報よりも、いま目の前で起きている事象を話してほしいと考える視聴者もいます。好みは人それぞれで、あまり気にしても仕方はありません。結局、スポーツは人間のすることなので、選手のキャラクターや背景は軸のひとつであり、欠かせないものだと思います。

コメント取りとは異なる「調べる」

先ほどの仮説とも結びついてきますが、２０２２年の女子ラグビーのワールドカップで優勝した、ニュージーランド代表の共同キャプテンのひとり（ルアエイ・デマント）を調べてみると、なかなか興味深い生い立ちとわかりました。

貧しい村の出身で一生懸命勉強して弁護士資格を得た。人口１００人にも満たない寒村で生まれ、母語がマオリ語だったために、少し大きな街の学校へ転校したときには英語ができなくて苦労した。こうした逆境からオークランド大学に入って、法律家になり、代表のキャプテンを任されるまでになったんです。

こんなふうに個人のストーリーを事前に知っておくと、プレーを見るときに、「ああ、そういうタイプの人間なんだな」と仮説も立てられます。これが楽しい。なるほど調べる喜びを知っている人は、この仕事に向いている。

では、試合前の練習を取材して、選手のコメントをできる限り集めるのはどうなのか。

これがまた難しいところで、調べる範疇に入るけれど、この場合は選手がそのときに思っていることのみを話す例が多い。短い取材に対しては、とくにそういう傾向が強い。もちろん知っておいて悪くはないけれど、それよりも人物の全体像を把握するというのか、「子どものころ夢中になっていたものはなにか」「学生時代は勉強ができたのか」といった視点を持ったほうがよい。

学歴がすべてを物語らないからこそ

たとえば学歴もそのひとつです。当然、本人に「どこの大学を出ているんですか」なんて直接は聞かない。でも本当は知っておいたほうがいい。なぜなら仮説を立てやすくなりますから。わたしの経験というか印象ですが、日本の社会で学歴を聞くのは難しい。イギリス人は絶対に聞かない。アメリカ人はそんなに気にせずに聞くかも。

ここからまた仮説に入りますが、その人が東大出身だと聞いて、「ああ、頭いいんだな」ととらえてはおもしろくない。それは漠然とした思い込みに近い。こちらには東大の一般的なイメージに引きずられない自信がある。

感覚的には、「学歴がすべてを物語らないとすでに知っているから、知ったって、ちっともかまわない」。逆から考えると、「サッカー選手に学歴は関係ない」と簡単に書く人は、学歴で物事が決まると思い込んでしまっている。そういう場合もあるけれど、そうじゃない出来事もたくさん起こる。長く生きていると、わかってくるものです。

調べきった事実だけを書く

調べる際に意識していることがあります。「調べきったことだけ」を文字や言葉にする。たとえば、ふたつの新聞の記事を読んで、それぞれに違った内容が書かれていた。ディテールがどうもあやしい。どちらが正しいかわからない。

このように事実を突き止められない場合は触れません。もしくはどちらの記事にも言及して、「わたしにはわからなかった」と正直に伝える。いちばん危ないのは、少し調べただけでどんどん書いてしまうケースです。あやまった事実を伝えてはいけないというジャーナリズムの矜持を忘れずに調べきる。そう宣言してみても間違いを起こす。厳格でなくてよしとしたら、もっとひどい。わからなければ触れなくても問題ありません。

よきメディアの見分け方

この流れで、海外のインターネットメディアの話を。正直、わたしにはウェブ専門メディアの質を述べるリテラシーはありません。しかし、旧来の報道機関であれば、どこが正確な記事を発信しているのかはわかる。

イギリスはガーディアンで、アメリカはニューヨーク・タイムズ。この2紙の間違いは少ない。海外の媒体の正確性や文章の質を判断する方法があって、それは日本の著名人の追悼記事です。これを読むと、その新聞のレベルがわかります。

ずいぶん昔の話ですが、ソニーの（創業者の）盛田昭夫が亡くなったとき、イギリスで訃報を知り、現地のガーディアンを読みました。いかなる人物だったのか、帰国後に知った日本の新聞よりも詳しく書かれていたのをいまでも覚えています。

これもひとつの仮説です。ガーディアンとニューヨーク・タイムズにも、比較すれば少ないながらもミスはあるし、ザ・サン（イギリス）のような大衆紙にももちろん優れた記者はいる。それでも時間がないときは、この2紙を読みます。ふたつとも細部まで重なれば、ファクトと認識して問題は少ないと判断しますね。このごろは翻訳ソフトが進歩したので非英語のメディアも楽しめる。リテラシーを鍛えたいと思います。

引用個所は明示したい

ジャーナリズムは時間との戦いでもあります。試合終了直後、ただちに書かなければいけないときもあれば、2日後に提出を求められる場合もある。学者ではないので、原典にあたって本当の調査まではしないとしても、このレベルの複数の新聞を比べるくらいはしたい。

いま思い出しましたが、ニューヨーク・タイムズから引いたのであれば、そこから引用したと明示する。ここを曖昧にする書き手がたくさんいます。引いた箇所のあとに（ニューヨーク・タイムズ）と入れればいいだけの話です。

大衆紙で現地の話題や関心事を知る

ガーディアンやニューヨーク・タイムズ以外にも、クオリティペーパーは世界中にあります。フランスはスポーツ紙のレキップや、一般紙のル・モンド。このあたりのスポーツ記事もおもしろくてためになる。

ウクライナのような国でもわかります。「ウクライナ　クオリティペーパー」と検索すると、現地に住んでいる日本の人が、地元の一流紙について書いていたりするので、そこからたどり着く例もあります。

もちろん大衆紙も読みます。ヒントを得るためですね。現地での関心事を知るには役立ちます。イギリスには、先ほど挙げたザ・サン以外にもタブロイド紙がたくさんある。かつては階級ごとに分かれていた。記事に用いる語彙数でわかるとされていました。ただ引用には情報の精度を考えるとちょっと危うい。それでも引くときには、あえて意味を持たせるようにしています。

以降は『Number』に寄稿した、大谷翔平のメジャー移籍に関するコラムです。ニューヨークの庶民の新聞、デイリー・ニューズの見出しを引用しました。

それから、ざっと70年、先日の英国メディア『エコノミスト』の大谷を扱ったブログのタイトル。「日本の先駆者がベースボールを変えようとしている」。異国の書き手が投打の二刀流に「野球のこれから」を見ている。

記憶を呼ぶ変革者は、このほどロスアンゼルス・エンゼルスへの移籍を決めた。率直なところビッグな球団とは呼べない。すると、もっぱら「大」で「高」を成功の証明と信じる米国の多くの人々は戸惑った。

なにしろニューヨーク・ヤンキースにつれなくしたのだ。いや、ニューヨークそのものを避けた。地元のデイリー・ニューズ紙はさっそく「なんたるチキン」なんて見出しを掲げた。チキン、臆病者である。

ニューヨークに暮らした英国人ジャーナリスト、コリン・ジョイスは、米国人と接した驚きのひとつを以下のように記す。

「低収入にあえぐ人びと自身も、富裕層に対して驚くほど優しい」（『「アメリカ社会」入門』）

金満は善なり。野球選手であれ新聞記者であれニューヨークこそは成功者の居場所である。

大谷翔平は、近年のベースボールにおける変異動物だ。どうやらマネーに興味はない。実績と名声を慎重に区別している。

（Sports Graphic Number ９４２号『BEFORE THE GAME』）

インターネットの時代の「調べる」

調べる内容により方法は異なります。ラグビーの解説でフランス選手の名前を調べるときは、ＡＦＰＢＢ（フランス通信社の日本語サイト）が便利です。フランス人の的確な発音がカタカナで表記されるので助かりますね。それ以外の方法だと、YouTubeのような音声つきメディアで同じ苗字の発音を聞いたりもします。

人名の発音サイトも重宝しますね。たとえば、どう読んでいいのかわからないブラジル人の名を現地の人が実際の発音で吹き込む。頻繁に利用しています。

日本だと首都圏以外のニュースは地方紙に頼る。役立つのは地方の放送局のニュースのウェブ版ですね。地元の学校のサッカー部やラグビー部のルポが活字におこしてあって、情報を得るには助かります。

ともかく調べるのが苦じゃない。ここが肝要です。

インターネットの普及はスポーツライターにも恩恵です。思い出すと、昔、帝国ホテルの売店でニューヨーク・タイムズを買っていましたから。記憶の限りでは数日遅れで一部８００円。スポニチの記者時代なので30年以上も前の話ですが、スポーツのコラムを読んでみたくなり、たまに買いました。

イギリスの新聞は東京の市ヶ谷にあるブリティッシュ・カウンシルに確か揃っていた。英語の普及を目的とした公的な機関なので閲覧ができたんですよね。

「ニューヨーク・タイムズ」ウェブ版の成功

インターネットの普及で様変わりしました。黎明期はほぼすべてのメディアが無料で読めた。ニューヨーク・タイムズのコラムはありがたかった。翻訳ソフトの進歩で辞書を引き引きもなくなった。

その後、ニューヨーク・タイムズのウェブ版は課金ビジネスとしても成功を収めつつある。もっとも影響力のある英語の新聞が、あえて無料で閲覧可能にすると、当然、全世界の膨大な読者が集まる。しだいに課金を増やしても、いちばん最初の読者の分母が膨大なので、降りる者がいくらいても、成り立つ。英語メディアの一番手ならではの戦略。結局、インターネットの時代では「世界でいちばん」だけが生き残る。こわいといえばこわい。

ガーディアンは現行では無料で読めます。そのかわりに寄付を求める。良心に訴えるというのか。これも英語による屈指の新聞がフリーである、という価値を世に問うわけですよね。

海外一流ライターの人物評は得るものが多い

ガーディアンはラグビーを頻繁に取り上げる。放送解説の事前の準備に利用します。本当に助かっています。2022年12月、エディー・ジョーンズが直近の成績不振を理由にイングランド代表ヘッドコーチを解任されました。その直前に掲載された各紙の関連記事に当たりました。総じて「エディー・ジョーンズとは何者か」をつかまえられない。いやなやつだけど勝つかもしれない。実はいいやつだ。慕う者と憎む者がともに存在する。すぱっと人物評を書けない。ただガーディアンのひいきのアンディ・ブル記者の視点は鋭かった。「ああ、こうやって書くんだ」と勉強になります。

いわく、エディー・ジョーンズは結局のところ「アンダードッグ（持たざる立場）」であるほうが心地よいのだ。日本を南アフリカに勝たせる。低迷のイングランドを急速に再建してみせる。そこに能力は発揮された。

ところが、いったん立て直すと、そもそもイングランドは潤沢な資金と人材を有しており、なんとなく居心地がよくない。そのことを「オドフィット（odd fit）」と表現していました。ちょっとかみ合わないといった意味でしょうか。つまりエディー・ジョーンズのメンタリティは世界一恵まれた環境とは相容れない。この角度の考察が興味深かった。

解任前に書かれたその記事の結論は「コーナーに追い詰められた彼が、そこから抜け出すのを待つべきだ。結局のところ、彼の人生はずっとそれを繰り返してきたんだから」。これは、いい文章でした。

他者と同じものを見てどう書くか

人物評価は難しい。ことにエディー・ジョーンズなんて意見が分かれる。分断を招くんです。おかげで伸びた選手もいれば恐怖で精神的に参ってしまった者もいる。コーチやスタッフがどんどん去る。今回（2023年）のワールドカップの開幕直前にも現在指揮を執るオーストラリア代表ワラビーズの攻撃担当コーチが離れました。

本人に自覚はあって、以前にインタビューした際、直接聞きました。「わたしはじきに嫌われる」と。「アンポピュラー」という言葉でした。また目の前で通訳を罵倒した直後に、急に落ち着いた態度に戻るような場面も見ています。自分を抑えられないんです。

しかし洞察力に富んでいる。選手やスタッフの心根を見抜く。コーチに向いています。それゆえに、よくも悪くも人を追い詰められる。

イングランド時代は「もはや自分はそうじゃない」と語っていたけれど、結局、いつかと似た結末を迎えることになる。かつてのジャパン、ルーク・トンプソン（日本ではトンプソン ルーク／＊9）がAP通信に話していました。

「彼（エディー・ジョーンズ）はラグビーに自分の全能力を注ぐという能力を明らかに有している。ただし持続性はないように思う。だからイングランドの7年は長すぎた。日本も4年が限度だった」

海外のメディアを読むと、対象を他者と異なる視点で書くにはどうすべきか、について参考になる。本当にありがたい。帝国ホテルに行かなくてよいのですから。

調べると世界が広がる

直感が発端になって調べる例もあります。

今シーズン（2022〜23年）のラグビーのリーグワンの開幕節で、トヨタ（ヴェルブリッツ）の試合を放送解説しました。当日の朝、チームのホームページを読むと、新スタッフによく知らぬ名がありました。ライアン・マーティンというアシスタントのコーチなんですが、顔つきが妙に印象に残る。もしや変わり者ではあるまいか。調べてみると予感は当たった。叩き上げの珍しい経歴で、これは解説で紹介できそうだ。

会場に着くと、トヨタの茂野（海人）がいたので、「マーティン、よいコーチでは？」と聞いてみたんです。すると、「ディテールに厳しくていい」と。

顔つきが気になるのは直感。そして直感もやはり仮説の一部なのです。21歳のときにニュージーランドの南オークランド――ここは、ややラフなエリアですね――の学校の先生になる。受け持ちのクラスのみんなの気持ちをつかむために課外活動でラグビーを教え始めた。あちらには体重別ラグビーがあって65キロ以下級のチームを優勝させる。オタゴの高校に移り、そこの1軍を無敵にしたのちにプロの指導者になる。

これも調べる喜びですよ。マーティンその人を知るだけでなく、マーティンのような人物が世の中にいると頭にストックされる。あとでいきるんです。

なにかをきっかけに世界が広がる。「この高校の卒業生を調べよう。もしかしたらオールブラックス級がいるかもしれない」。たいがい、いるんです。

仮説をもとに聞く

「質問」の種も仮説

結論をいえば「聞く」と「調べる」は重なる。

みずからの仮説にしたがい試合を凝視する。その通りなら、それに沿った場面について当事者に聞く。裏切られたら、その重要な局面にいた選手を取材、原稿に反映させる。いたって簡潔。質問もひとつかふたつに絞られるんです。

記者会見の場では「一応、聞いておこう」ではなく「これだけは絶対に聞く」とくっきりしているほうが原稿はよくなる。

焦点を絞った質問が自分だけの記事を生む

スポニチの駆け出しのころ、よくラグビーの新日鐵釜石を追いかけました。その黄金時代、確か日本選手権7連覇の偉業が途切れた翌年、もしくはその次のシーズンだったはずですが、釜石がスクラムトライを狙ったんです。ゴール前、力ずくで押して、そのままトライしようとした。

黄金期の釜石はスクラムトライをしませんでした。わたしの追う限りでは皆無。日本代表のFW、それもスクラム最前線のフロントローがそろっていたにもかかわらず、いつもサッとボールを出した。

わたしは、入社1年目でしたが、釜石がスクラムトライをよしとしないことは知っていたので「あ、狙ったな」と気づいた。記者会見が終わったあと、当事者の選手に外で話を聞きました。ずいぶん昔の出来事なので、厳密にだれだったかは覚えていませんが、フッカーかナンバーエイトの選手に「きょうは狙いましたね」と声をかけたら認めました。こういう質問は自分だけの記事に結びつく。「それしか聞くことがない」くらいがちょうどいいんです。

（※この試合についてのスポーツニッポンの原稿を掲載します。正しくは、スクラムトライを試みたものの成功はしていません）

熱い鉄の塊が雪どけの水で冷やされてガッチリとした鋼となった。冷たい風の吹く泥だらけのグラウンドを八人の男たちが完全に支配する。自らの季節が訪れたかのように、北の戦士は雄たけびをあげる。覇権奪回にかける新日鉄釜石が圧倒的なFWの力で4強入りを決めた。

組むたびにズルッと動くスクラム。低くてうまいラック。なんだか別の生きもののような、全員が一丸となったモール。

「あれだけFWが前へ前へ出てくれれば楽ですよ」悪コンディションで球のあまり回らなかったバックスの金子主将の声がはずんだ。

（中略）

前半終了寸前のゴール前スクラム。三洋の反則で結果的には決まらなかったが、釜石がスクラムトライを狙った。V7時代の釜石はスクラムトライをしないことでひそかに知られていた。

「V3くらいまではサインもあったんだけど、きょうは久しぶりでした」とフッカーの多田。松尾、谷藤（元日本代表）の両輪の抜けたバックスをカバーする「とにかくFWで」の意識が顔を出した象徴的な場面だった。

準決勝の相手はことしの正月、屈辱の敗戦を喫したあの神戸製鋼。「いよいよですね。これまでは〝一戦ずつ〟という気持ちで来たけど、これからは神戸製鋼のことだけ考えます」金子主将の語気も強まった。「前回の雪辱」に胸の血がたぎっているに違いない。

つい先日も「釜石製鉄所の溶鉱炉の火が消えるのでは」の報道があった長引く鉄冷え。「いまはラグビーのことだけを考えています」フィフティーンは口々にそう言いながらも「町にはいいニュースがない。ボクらの活躍が支えになってくれれば……」（金子主将）の思いは同じだ。

一時帰休など厳しい風の吹く北の町は鉄の男たちの突き上げた歓喜のコブシを心待ちにしている。

（スポーツニッポン　1986年12月29日　11版）

独自の質問はあとでこっそり聞く

自分が本当にしたい「これぞ」という質問は、あとでこっそり聞くのがいい。他の記者やライターには知られたくありませんから。記者会見が終わったあとや、選手がチームバスに向かって移動しているときに声をかけて、自分だけが見た、気づいたことを問う。いまは管理が厳しく、難しい場合もありますが、独自の視点で記事を仕上げるには、この方法がよい。

他方、いわば記者会見論で述べるなら、公の場で言質を残すことも大切。たとえば、なんらかの競技の協会が不正を働いて釈明会見を開いたときには、できれば大きなメディアの記者はどんどん質問してほしい。独自に入手した情報を会見後にこっそり聞いてもいいけれど、やはり記者会見での言葉を残すのも重要です。衆人環視の発言は歴史の記録になります。会見でどのように質問すべきか。この点に触れたコラムを一部抜粋して掲載します。

スポーツの現場にも記者会見はある。よい質問は常に短い。端的に事実をぶつける。これがなかなか簡単ではない。つい「…の場面は…でしたが、あそこは…なのですか、それともそうではなくて…なのでしょうか。答えづらいかもしれませんが…」式に聞く側がたくさん話してしまう。簡潔な問いに対して、それより少し長い答えが返ってくるくらいがちょうどよいのに。

（東京新聞・中日新聞夕刊　２０１３年12月24日『スポーツが呼んでいる』）

記者会見否定論ではまったくありませんが、スポーツのプレーは社会問題とは違うので「あとでこっそり」も問題ない。むしろ独自の視点がからむなら公の場では質問したくない。一対一で仮説にもとづく質問をして独自の原稿にするのです。先ほども述べたように、最近は広報サイドの管理が厳しく、どうしても、ひとりの質問をたくさんの同業者が聞いてしまう。すると、いよいよ文章の巧拙でしか差がつかなくなるような気もします。

多くの人間のモデルを見る

初めて会った人、見た人をどこかで知っていると思える

人間に対する仮説は、ひとつ上の段階にあります。序章での各国の歴史や文化を知るよりも難しいかもしれません。ただ根本は同じです。

インタビュー前、あるいは試合を見つめるときに「この選手はおそらく、こういうタイプの人なのではないか」と仮説を立てる。そのためには人間のモデルをたくさん見て知る必要があります。もちろん、その人間のなにもかもを知ることはできない。知ったと思うのは傲慢です。

「この感じは、だいたいこういうタイプだろう」

「友だちのあいつにどこか似ているんじゃないか」

このくらいでかまわない。

「初めて会った人、見た人をどこかで知っていると思える」

この感覚が大切です。試合に対する仮説と同様、外れても問題ありません。実際に話を聞いてイメージと異なる人物であれば、ただ原稿にそう書けばよいのです。

面識のない松坂大輔から逸話が聞けた理由

インタビューなど取材対象が選手や関係者の場合は、仮説を立てる際に、より詳しい人や近しい人にあらかじめ聞くのも手です。

松坂大輔が現役だった当時、スポーツ誌で話を聞きましたが、このレベルになると写真の撮影を含めて取材時間が限られます。雑誌は写真が重要なので、わたしは撮影者を優先したい。そのほうがうまくいくんです。すると余計な話はあまり聞けないので、準備をしておかなくてはならない。

野球記者ではないので、松坂本人と面識はなく、そこで昔の勤務先のスポニチの元西武担当カメラマンに助言を求めました。持つべきものは昔の同僚で「横浜高校時代のチームの仲間を大切にしている」という情報を得られた。

この逸話が仮説のもとになりました。

高校の友を有名無名を問わず大切にしていて、頻繁に食事をともにする。「いいやつだな」と思った。これもやはり仮説です。

いざインタビュー。最初にその質問をしたんです。回答は、「きのうも会いました。サラリーマンの愚痴、聞いてますよ」でした。「いいやつに違いない」という仮説も外れではなく、多忙な人の気持ちや場の雰囲気が少しやわらぎましたね。

我々は、マツザカの凄さに麻痺してしまった。そして当の本人は、どこかに見すえる到達点より逆算した「実験」を織り交ぜつつ本日もマウンドを守る。太平洋のあちらに働き場を求めるのは、きっと自明だ。昨今の超然たる充実は、日本球界における「集大成」を思わせなくもない。プレーオフ前、若く鋭く、なお「老」の字をかぶせたくなるライオンは語ってくれた。

――甲子園、やけに盛り上がって、ついつい松坂大輔の夏を思い出しました。いまでも横浜高校の仲間とは会ったりしますか。

「きのうも一緒に食事しました。同じ高校だけでなく、あの夏に出会った別の学校の仲間とも会いますよ」

――普通の会社員もいますよね。

「ほとんどそうです。もう昔話ばっかりしてますよね」

――上司へのグチを聞かされたり。

「たまにはありますよ」

（中略）

大切な時期、もちろん多忙である。どうしても取材殺到で駆け足の問答になるのだが、松坂大輔は、ありふれた表現を用いるなら「いやな顔ひとつしない」。肖像撮影。めくられた半袖の下に丸々と輝く最上等の筋肉が現れて、あらためて稀有な肉体を思う。野球ファンの幸福は、これだけの身体の才能を、なお聡明と誠実が支えているところにある。どこまでも落ち着いて言葉を選び、たまに無邪気に笑う。本当に選ばれし者の特権とは、早く成熟して、永遠の童心を抱けることなのだ。

（SPORTS Yeah! No.149 2006年10月5日号）

事前取材に救われたダルビッシュ有への仮説

ダルビッシュ有にもメジャーへ行く数年前にインタビューをしました。実はそれ以前に両親に取材をする機会があり、母親から「子どものころに昆虫図鑑をすべて暗記していた」と聞いていたんです。

そこから仮説のイメージがわきました。

「なにかにものすごく夢中になるタイプは、遠くの音が聞こえる」

実はわたし自身もそういうところがあって、ある種の特異な能力です。もしかして、わたしに似た類の人間ではないか、と、強引でいささか無礼な仮説を立てました。ダルビッシュのメジャー入りが決まった際に、その仮説にしたがいまとめたコラムがあるので一部抜粋します。

2009年の6月、札幌でインタビューをした。当時は日本を離れる気がないとされていた。そこで「大リーグの実力者と対戦すればさらに燃えられるのでは？」と質問してみた。床に目を落としたままの即答はこうだった。

「僕は日本でも燃えられるし、かえってアメリカでは（大味な）モロさにさめてしまうかもしれない。でも僕らの仕事は燃えることじゃないですから。見にきてくれるファンに喜んでもらうのが仕事なのであって」

燃えることは職責にあらず。聞き手は簡単に空振りさせられた。

そのインタビューの際、印象に残る瞬間があった。球団の広報担当者は、たまたま筆者がかつて在籍した新聞社を退職していた。初対面だったが「なぜ辞めたんですか」と小さな声でたずねた。こういうわけで…。

ダルビッシュ本人は写真撮影のため部屋の遠い場所で背中を向けていた。聞こえる距離ではないはずだ。それなのに、いきなりその担当者の名前を呼んで「へぇー、そうだったんですか」と話しかけてきた。おそろしく耳がいい。おそらく物理的な聴力ではあるまい。もっと感覚的なある種の情報収集力。こういう人は、近くの声も関心がなければ無音にできる。

その4年前のインタビューで、前夜に投げ勝った松坂大輔（当時は西武）について「防御率3位なのに5勝9敗」とすぐに数字を挙げた。「小学1年から新聞で投手の防御率を覚えた」。昆虫図鑑もすぐに暗記した。

やがて大リーガーもダルビッシュの内面の深さに気づく。格別な耳、記憶力、感受性。対戦打者は「どうして私のことを知っているのか」と思うだろう。

（東京新聞・中日新聞夕刊　2012年1月24日『スポーツが呼んでいる』）

「こういう人」を蓄積していく

読み返すと、このコメントにしびれますね。

「僕らの仕事は燃えることじゃないですから」

2009年にこの話を聞いたとき、わたしは直感的にメジャーへ行くんだろうな、と感じた。悟らせないような言い方はしているけれど、これは行きたい人の言葉だなと。そういう願望のある人しか、こんなことは言いません。でも当時は、あまりに推論であるし、本人に聞けば否定するので、そこまでは書けなかった。

そういう人を過去にどこかで見た。隠したい本心があるからこそ、わざとこんな物言いをする友だちがいた。そのように人間のモデルを蓄積させていくべきでしょうね。

だれを見ても「ちょっと待てよ」と考える

わたしは都立の全寮制の高校（※東京都立秋川高校、現在は閉校）に通ったのがよかった。いまの仕事、つまり「人間を見る」ことに役立っています。

いわゆる進学校ではなく、諸事情で入寮しなければならない都民の子が集まる学校でした。親が高学歴で転勤族の息子から、下町出身で兄貴が暴れん坊だから寮に入らざるを得ない人間もいた。バックグラウンドがバラバラだったので、当然、学力にも差があります。

そういう連中と一緒に暮らしていると、「勉強は関係ないんだな」ってわかるんですよ。まったくの無関係ではなくて学業成績がある種の能力は示すとしても、本当に頭がよいので勉強なんかできない人間がいる、と、わかった。頭があまりによすぎて勉強の枠に収まらない同級生が何人かいたんです。いわゆる「やればできる」とも違う。はなから学業と異なる知性が、なんというのか、体内に根をおろしている。寮生活のおかげで、だれを見ても「ちょっと待てよ」と流れにも立ち止まる習慣が身につきました。ちょっと待って見つめる。

退学になった旧友の愛校心

もう少し高校時代の話を続けます。

学内の秩序を守るために、悪さを2回すると強制退学になる校則でした。のちに学校そのものがなくなってしまうのですが、やめさせられた連中が、何十年後の閉校式やパーティーに出席するんです。暴れるためではなく、ただ懐かしんで。

退学者が公式行事に出席するのは珍しいケースでしょう。「いちばん愛校心があるのはあいつら」とわかりました。断ち切られた記憶は消えない。ひとつ勉強になった。社会に出ると、みな機を見るに敏、各分野で活躍しています。人間のモデルです。

早稲田大学に進んで、そこにも多様な個性はひしめいていた。ラグビー部も当時は全員が一般入試。地方の進学校出身が多数でした。みんな鋭く、愉快で、タフだった。でも秋川高校で出会った「本当に頭がよいので勉強ができない」という変人にして天才はいません。学内のどこかにはいたのでしょうが。

似ていても、ひとりひとりは絶対に違う

「この選手、あのときのあいつに似ている」と思う場面はたくさんあります。人間はひとりひとり絶対に違うけれど、ときに似たような行動をとる。でも根本的には違っている。「ひとりひとり違うから人間なんだ」と奥田精一郎さん（＊10）は話しておりました。イトマンスイミングスクールでのちのオリンピアンを含む何万もの子どもを教えてきた名指導者が「ひとりとして同じ人間はいませんな」と。これは指導論になりますが、コーチは「君たち」と呼びかけてはならない。「君」です。ひとりひとり違いますから。

チームもひとりの人間と同じ

スポーツにおいてチームの強くなる過程には順番があります。男子サッカーの日本代表を例にするとよくわかる。ジーコとザッケローニの足踏みを脇によけると、あとは、おおむね順を踏ん

でいる。

１９９４年のアメリカ大会を出発点とすると、ぎりぎりで本大会へ進めず、次にぎりぎりで出られて白星はなくとも大崩れはしなかった。その次は自国開催でプール戦を突破した。２０１０年に中立地の南アフリカで16強入り、ＰＫ戦に泣いた。18年のロシア大会はノックアウトステージで眼前の勝利を逃がし、22年大会ではワールドカップ優勝経験のある国をふたつ降した。他の競技にも伸びていく段階は必ずあるんです。

経験を積んで段階を踏んでいくのは、ひとりの人間と同じです。圧倒的な能力に恵まれる個人は一気に突き抜けるので、むしろ集団競技、チーム球技にその傾向は強い。

＊１　**『教祖の文学』**（きょうそのぶんがく）　『堕落論』で知られる、昭和初期を代表する作家・坂口安吾による小林秀雄論。友人であり、文芸評論家だった小林の現代小説批判に対し、真っ向から反論。１９４７年発売の文芸誌『新潮』にて発表された。

＊２　**ロバート・ヘンライ**　画家。１８６５年、アメリカ出身。20世紀初頭に都市の現実を刻銘に描く、アメリカ・モダニズムアートシーンで名をはせる。本書で一部引用した『アート・スピリット』は芸術指南の名著として若いアーティストたちのバイブルとなっている。１９２９年、死去。

＊３　**ウィリアム・サローヤン**　アメリカの小説家。１９０８年、カルフォルニア州出身。庶民の生活や人柄を清らかに描く作風で人気を集めた。代表作は『僕の名はアラム』『人間喜劇』『ママ・アイラブユー』など。81年、死去。

＊４　**伊丹十三**（いたみ・じゅうぞう）　１９３３年、京都府出身。『お葬式』『マルサの女』シリーズ、『大病人』など映画監督として広く知られる。そのいっぽうで俳優、エッセイスト、雑誌編集長、商業デザイナー、イラストレーターなど幅広い分野で多彩な才能を発揮。妻は女優の宮本信子。97年、死去。

＊5 **橋本忍**（はしもと・しのぶ）　１９１８年、兵庫県出身。黒澤明作品の脚本家として名をはせ、『羅生門』『生きる』『七人の侍』などのシナリオを手がけた。その他、『白い巨塔』『日本のいちばん長い日』『砂の器』といった映画史に輝く数多くの傑作を残した。２０１８年、死去。

＊6 **ゲイリー・リネカー**　１９６０年、イングランド・レスター出身の元サッカー選手。ゴールへの嗅覚に優れたＦＷで、母国プレミアリーグでは通算3度の得点王に輝いた。イングランド代表でも80試合で48得点を記録。フェアなプレーぶりでも知られ、長い現役生活で一枚のカードも提示されなかった。キャリア晩年は名古屋グランパスエイトに所属。引退後はＢＢＣで解説者を務める。

＊7 **三上寛**（みかみ・かん）　フォークシンガー。１９５０年、青森県出身。寺山修司らの影響で詩を書き始め、71年にデビュー。独創的な世界観の作品は高く評価され、当時の若者を中心に熱狂的な支持を集めた。俳優としても活躍。

＊8 **家庭裁判所調査官**　家庭裁判所で扱われている少年事件などの調査を行う。事件の当事者、親、子ども、少年らに面談し、問題の背景や少年の性格傾向などを把握。最適な解決方法を検討し、裁判官に報告する。

＊9 **ルーク・トンプソン**　元ラグビー選手。１９８１年、ニュージーランド出身。２００４年に来日し、トップリーグの三洋電機ワイルドナイツ（当時）に所属。10年に日本に帰化。日本代表として71試合に出場。ポジションはロック、フランカー。献身的なプレーと柔和な人柄で多くのファンに愛された。

＊10 **奥田精一郎**（おくだ・せいいちろう）　競泳指導者。１９２０年、大阪府出身。中学5年で水球日本代表に選出され、早稲田大学へ進学。第二次世界大戦では陸軍としてフィリピンなどを転戦。終戦後、水泳指導の道へ。山田スイミングクラブでコーチを務め、73年設立のイトマンスイミングスクールでは会長や名誉会長を歴任。千葉すずをはじめ、多くのオリンピアンを育てた。文部大臣スポーツ功労賞、日本水泳連盟特別功労賞などを受賞。２０２０年、死去。

第3章

スポーツライティング心得

人の体の動きを書く

動きの緻密な描写のためにひとりの選手を見つめる

選手がどのように体を動かしているかを綿密に書く。

第2章でなんども触れた「見つめる」行為にも関係します。スポーツそのものとも言えるかもしれません。

ピッチやコート、リングやプール、どんな競技のどんな場所でも、選手の体の動きをよく書くライターは信頼できます。ひとりの選手をまさに見つめている。そこに過去の人間のモデルもからんでくる。

いつか賀川浩さん(＊1)が主役のパーティーに呼んでいただきました。スピーチで香川真司の体の動きに触れました。「左足をこう向かせてボールをこうとらえられるからいいんだ」なんて具体的に言及していました。詳細は忘れましたが、ひとつのプレーがいかなる体の動きで成り立っているか。緻密に言葉にされていて驚いた記憶があります。

さらに「それは香川真司がまだ若かったころに、わたしがアドバイスしたんだ。君はこう動けば、もっとよくなる。でも、わたしの助言を絶対に覚えていないはず」と続けた。

理由は香川真司には才能があるから。本物の才能に恵まれた選手は、教えられるとすぐ身体化されるので「アドバイスがアドバイスにならない」。だれが教えてくれたかを覚えているタイプは指導者になる。だれがなにを話したか「だけ」を覚えている人はジャーナリストになるというオチでした。鋭い視点だと思います。

天才は一回の体験が経験になる

パーティー後に自宅の最寄り駅に着き、とある酒場に向かいました。主人は東京水産大学（現・東京海洋大学）サッカー部の元センターフォワードです。そこで賀川さんのスピーチについて伝えると、俳人でもある主人は「それは体験と経験の違いだね」と言った。つまり普通は体験を繰り返さないと経験にはならないけれど、天才はいっぺんだけの体験がすぐ経験になる。以後、いまでも「体験と経験の違い」はコラムやラグビーの解説のなんというか思考の柱のひとつです。発想の根は賀川さんのスピーチでした。

人間の体の動きは普遍的である

なぜ体の動きを書くのがスポーツライティングにおいて重要か。

普遍的だからです。サッカーならボールを持つ、止める、蹴るといった動作はいまも昔も同じで、これからも変わらない。

賀川さんも「手を使えるゴールキーパーをかいくぐってゴールを決める構造は変わらない。だから釜本でも、戦前に活躍した川本（泰三／＊2）でも、いざキーパーと一対一になれば、いまのサッカーでもシュートを決める」と断言されていました。ただし他のポジションの普通のレベルの選手については、スポーツ科学やトレーニング理論の進歩とともにレベルを上げ、総じて過去の同じポジションの者より力がある、と。

こうした見方、広くとらえるなら、スポーツの思考を賀川さんから教わりました。そんなになんども会えたわけではないのに、そのたびにハッとさせられる。

ひとつ例を挙げるならサッカー選手の大学進学。かつてトップ級の高校生の多くは大学を経ずにプロ入りしていた。Jリーグの成功の反映でもあった。しかし賀川さんは心配しておられた。まだ18歳で縁のない都市のクラブに入団、午前の練習を終えて、ワンルームマンションへと帰る。その後の時間はどうすごすのか。海外のコーチはチームのトレーニング以外でグラウンドに選手が残るのをいやがるため個人練習もできない。よほど才能があればかまわない。そこまでないのなら大学に進んだほうがよいと話されていました。

わたしの大学スポーツ、ことにラグビー部論は「そこに社会がある」。18歳でプロとなり、そこでしばらく追随者になるより、大学で100人の部員をまとめ、キャプテンやリーダーとして赤裸々な人間集団を統率する。それはそれで力がつくのではないかと。

このところはJリーグや日本代表に大学出身の逸材が増えている。賀川さんの予見はきっと間違いではありませんでした。

絶対の「形」があると強い

賀川さんのサッカー観や思考はそれほど的を射ている。わたし自身、強く影響を受けていると心から感じます。

話を「体の動き」に戻すと、ひとりだけ手を使える人間をかいくぐって点を奪う。この構造、ゴールの瞬間だけは１００年前も、おそらく未来も同じで、システムと切り離される。だから体の動きは普遍的なのではないでしょうか。

稀代のストライカー、釜本ならモダンなフットボールのシステムと向き合っても右45度の角度ならば必ずシュートを決める。よく、そう例に挙げられます。

学生時代から日本リーグ、ずっと釜本のマーク役を任されていた人物を取材したことがあります。川野淳次さん。「カマモトの背後霊」と呼ばれた。東京教育大学時代から早稲田の絶対のエースをマーク、東洋工業でもヤンマーの釜本の背中にはりついた。その人が２０００年代になってから「あの人は、いまのサッカーのほうが、もっと点を取る」と明言していました。

現役当時は体をぴったりつけて、後ろから多少タックルしても反則をとられなかったので、ある程度は止められた。しかし、いまのようにファールが厳しくとられるうえに、ディフェンスラインの上げ下げだけでは絶対に釜本は抑えられない、と。

「空手は瓦一枚では破られても五枚なら止まる。でも釜本さんは空手でなく太極拳。円運動なのです」

右45度のポジションでシュートを打たれると決められる。だから、そのコースをふさぎたい。でも、釜本もそれをわかっているから逆をとる。あるいは、とるふりをする。これをされると、どう対処していいのかわからなくなったそうです。つまり体の動きでいえば、絶対の「形」があるほうが強い。工藤孝一監督(＊3)が居残り練習で毎日100本のシュートを打たせて、それを身につけさせました。

動きの「形」と「型」は無限

このトレーニングのポイントは、ディフェンスをつけないこと。ここからはコーチング論に入っていきますが、序章でも話したように、わたしの本性はコーチなので許してください。

「実戦のように練習したほうがいい」

ラグビーでもよく議論になりますが、多くの指導者が簡単にそう思い込みます。とくに海外のコーチに顕著で、ラグビーはみんなそう。サッカーもおそらく、その傾向があるはずです。海外の大半の指導者は、試合で起こり得ない状況の練習をしても仕方ないと主張する。でも素質がない側にとっては間違いなんです。

いい選手が集まっているチームはそれでもかまいません。しかし能力に恵まれない側は、こうなれば必ずトライできる「型」を相手がいない状態の練習でつくります。そこに求められる個人の体の動きは「形」です。形があり型もある。また型があるから求められる形も決まってくる。そういう関係なのだと思います。

最初から練習にディフェンスをつけると、その相手の大きさ、速さ、賢さなど多くの要素が入ってくるため、焦点を絞れなくなってしまうんです。先に型を確立する。相手がいてもいなくても違いなくプレーできるようにするための方法論です。すると到達の像は無限に理想へと近づく。微妙な塩梅はあとで練習試合により身につければよい。

型も広い意味では体の動きもつまり形であり、やはり普遍的と言えます。システムや選手個人のレベルを凌駕するので、プロでも、あるいは地域の高校でも同じように通じる練習方法です。

見つめて「仕草」に気づく

競技経験があれば、より深い文章を書けるかもしれない。しかし格闘技、たとえばボクシングは、どれほどのライターでも多くは実体験がありません。ここは野球やサッカーやバスケットボールと違う。遊びや体育の授業でもなかなか経験できない。

そこで観察、凝視、見つめることが求められる。黙って見続ければ、少なくとも形の描写はできる。なんども試合を追えば、その人ならではの構えや足の運びの意味もしだいにわかってくる。

また体の動きにはアクションはもちろん、その延長線上に、フィールドやリング上での仕草、振る舞いも含まれます。

ラグビーの日本選手権がまだ大学と社会人の対戦が行われていた当時。帝京大学が東芝ブレイブルーパスを相手に残り数分の時点で大きくリードを許していました。さらに最後にトライを決められて終了のホーンが響く。「これで終わった」と大半が円陣を組んで別れを惜しんでいるときに、ひとり南橋（直哉）という選手だけがゴールポストに手をつけて、相手のゴールキックにプレッシャーをかけようとしていた。キックはそれました。スコアは10対43。

南橋はどこか常人と違うオーラのある存在で、わたしはずっと見ていたので気づいた。こうした仕草や振る舞いに遭遇することは頻繁にあって、試合後にそこについて質問すると、いい答えが返ってくるんです。すると自分だけの記事が書けます。本人はこう言いました。

「ホーンは鳴っていましたけど、やはりノーサイドまでは相手にプレッシャーをかけて、少しでも失点を少なくという気持ちでした」

ひとりをしつこく見る。結局は、これに尽きます。第2章の仮説も体の動きと密接にかかわっていて、これも原稿に反映させられます。

たとえば、「中村俊輔はおそらく、こういうプレーをするだろう」と仮説を立て、見つめ続ける。90分間凝視すると気づくことがある。試合全体のリポートを書かなければいけないときには難しいとしても、もし許される場合は、ひとりを見てみる。

仮説を携えて見つめる

以前、サッカーの遠藤保仁にインタビューをしたとき、ラグビーに通じる質問をしてみました。

布石を打つ、要するにわざと失敗して種をまき、突然その裏をかくプレーはするのか、という問いです。ラグビーではある。相手がこちらのサインを見抜いているときに、そのサインをわざと出して、あえて引っかかっておく。そして後半のここぞの時間帯、いちばんいい陣地で同じ場面が来たときに裏をかくんです。パスをもらう仲間が狙い撃ちのタックルを浴びて、わざと「死んでもらう」くらいまではします。

遠藤の回答は、「そこまではしない」でした。ただし絶対にボールを奪われるだろうな、とわかっている同僚にあえてパスを出すことはあると。理由は、そうしたほうが、その選手の性格からしてのってくるから。やはり布石かもしれません。

これも体の動きです。じーっと遠藤を観察していたら「あれだけ優れた選手が、なぜ、あんな凡庸なパスをするのか」と気づく。すると、「あの選手にしつこく配ってましたね」という質問ができます。

体の動きを見つめて書くことは仮説と結びつく。裏切られてもかまわない。「メッシはタックルをしない」と想定したにもかかわらず、実際には激しくボールにからんでいるといった「裏切り」もうれしい。原稿がなんというのか立体的になる。やはりスポーツライティングの根本は凝視ですね。

次の原稿は仮説が外れた例です。一部引用します。

スポーツライターとは人間の尊厳を伝える仕事だ。そしてスポーツライターとは人間の脆弱を伝える仕事でもある。「どんなにダメなのか」を覗き見る悪趣味と無縁ではない。

横浜F・マリノス、6連敗。

たぶん7連敗する。どんなにダメなのか確かめてやろう。ねっとりと暑い夕刻、飛田給の駅を降りたのは、はっきり、そのためだった。

仮説を立てておく。シン(信・芯)なきチームは球ぎわに弱く、こぼれたボールに体を張れないはずだ。リーダーシップは拡散し、選手それぞれが「自分のやりやすいように」プレーを始める。

客観的にとらえて、横浜F・マリノスは鋼鉄のクラブではない。歴史における恥じるところ少ない戦績。根底の堅実さの一方で、もろさ、ひ弱さの露呈したシーズンもなくはなかった。酸ではなしに砂糖水、ついつい微温の午睡に耽り勝負の厳格を忘れた季節もあった。

ただし、おおまかにくくれば、F・マリノスの甘さは、優勝圏内からの脱落、上位集団からの下降という観点から心配された。いよいよ、深刻な事態が近づくと、たとえば小村徳男(現・ガイナーレ鳥取)のような格とハートのある勇士が練習から緊張感を蘇らせて、しばしば下り坂の途中に踏みとどまった。「降格も現実味」というところよりは手前に自浄作用は働いてきたのである。

味の素スタジアム、FC東京戦、開始4分過ぎ、クロス、こぼれて山瀬功治がシュート、もうひとつこぼれて大島秀夫の右足、F・マリノスは先制に成功する。ここまで3戦無得点だから、比喩ではなく事実として久しぶりの笑顔が広がる。

9分。FC東京のカウンター攻撃、エメルソンがトカゲの長い舌みたいにカボレのパスに吸いついて同点。アウェーの白シャツに、すっかり見慣れた落胆、行き場のない怒りは伝播した。

やはり、もろいか。

いや、そうでもない。すでにして冒頭の仮説は修正を強いられた。6連敗のチームのこぼれ球への寄りは悪くない。すべて拾えるわけでもないが、ともかく二人目が懸命にそこへやってくる。統制の乱れたチームにありがちな、個々の選手が自分の「快」にのみ従うような軽さも見当たらなかった。

それでもFC東京のエメルソン、カボレがずっと元気なら攻守反転の場面からあと1、2ゴールを奪われそうな気配も漂ってはいた。ところが本拠地で戦うチームのほうが先に失速する。

FC東京のこのところの足踏みには、F・マリノスのような「かつて栄冠に届いた者の転落」という輪郭の濃い物語が欠けている。その分だけ暑さと湿度に早くやられた。ドローの結末。「イーブンと胸を張っては言えない」。城福浩監督のコメントは正直だった。

（サッカーマガジン　２００８年８月19日号『無限大のボール』）

「観察」と「描写」が秀逸な闘牛観戦記

沖縄の新聞には闘牛欄があります。沖縄タイムスに又吉利一さんという専門記者がいました。紙面から察するにすでに引退されたようですが、この人の描写、観戦記がうまかった。沖縄へ行くと新聞を買うのが楽しみでした。牛に人格はありません。インタビューもできない。だから観察で書くしかない。

「〇〇がよだれを垂らしながらにらみ合い……」「〇〇が腹をボテンと出して、ゴロリと横になりまいった」というように、牛が角を突き合わせるのを見つめて書く。観察と描写がすべてです。ユーモアがそこはかとなく漂っていた。体の動きを書く参考になると考えるので、いくつか抜粋します。

結びの一番は降りしきる雨の中、泥水を跳ね上げながらの大熱戦となった。終始先手で攻めたのは花夢。再三にわたってワリ、ツキからのはね上げで琉桜風吹の体勢を崩した。勝負を決める腹割りにあと一歩の場面が何度かあったが、琉桜風吹は体を弓なりに曲げて必死の防戦。対戦開始30分すぎまで延々両牛の攻防が続いたが、勝敗の行方はまったく分からなくなった。

両牛の背中にシャワーのように降り注ぐ雨が観客のため息を誘った34分すぎに勝負は急展開した。攻め疲れた花夢が突然、身をひるがえしながら敗走。観客があぜんとする中、逃げる花夢をとらえた風吹がとどめの腹取りを決め、完勝した。長期戦に持ち込めば風吹優勢と言われていたが、再三再四にわたる花夢の猛攻を食い止めた風吹に観客からは感嘆の声がもれた。

（沖縄タイムス　2009年4月6日）

大一番の幕切れは観客があっと驚く結末となった。両牛、序盤から小刻みな打撃戦となり、バキン、ゴキンと交角の鈍い音が館内に響き、続いて激しい腹取りの応酬。リング中央で土煙を上げながら回転する両牛に観客の目はくぎ付けとなった。

3分すぎ、モータース号の右からのワリがさく裂すると、突然ゆかり号の左角が折れ、吹っ飛んだ（ゆかり号の角は加工角、4年前に折れたため、成形補強してあった）。大きなどよめきが起こり、会場は騒然となった。勝負あったかに見えたが、ここからゆかり号のまさかの猛反撃が始まった。

血がにじむ左角をものともせず、前へ、前へと押して出るゆかり号。まさに鬼気迫る表情でなおも前進すると、ついに古堅モータース号が後退。ここを勝機とばかり、ゆかり号が猛然と飛び込むと、脱兎のごとく古堅モータース号が敗走した。割れんばかりの大歓声に続いてファンがリングに殺到し、４年のブランクを克服して頂点を奪取したゆかり号を祝福した。

（沖縄タイムス　２０１０年5月10日）

時間の縦軸を持つ

記録を紐解き時間軸を追う

どんな競技にもあてはまりますが、そのクラブや代表チームの現状と結果、あるいは、そのとき目の前で起きる出来事には理由があります。それを知るために歴史をたどる。「いま、こうなのは、こんな過去があったからではないか」と想像しながら調べるのです。

時間と空間はスポーツそのものです。サッカーならピッチの上の90分間に技術も体力もスキルも人間関係も凝縮されている。そこに日本サッカーのたとえば100年の歴史というような時間軸を加える。

前に述べた賀川さんの言葉を借りるなら「そこにあるものには、そこにある理由がある」。2006年のワールドカップ一次予選で日本代表が苦しんだ翌日、賀川さんに会いました。そのとき、いま紹介した一言を耳にする幸運に恵まれました。まとめたコラムを一部引用します。

昨年の2月18日、サッカーのW杯1次予選、日本代表は埼玉でのオマーン戦にあやうく引き分けるところだった。終了直前、長いボールを放り込むと、ピンボールみたいに選手の体や足に当たって劇的なゴールは生まれた。いかにも幸運に見えた。格下のオマーンに

苦しんでジーコ監督への疑念もふくらんだ。

翌朝、賀川浩さんに話を聞く機会があった。いま80歳。大長老サッカー記者であり、後進の尊敬とあこがれの存在でもある。

いきなり賀川さんは言った。「日本も強うなったわ」。前夜のオマーン戦である。「あれだけのアフリカ出身者もおる体の強い相手から最後に力ずくでゴールを決めるんやから」

そして、W杯取材は実に8度の現役記者は、ある若手サッカー解説者（賀川さんからすれば全員が若手だ）の名前を挙げて笑った。「日本も強うなったな、と言うたら、ポカーンとしとったけどな」


（東京新聞・中日新聞夕刊 2005年5月31日『スポーツが呼んでいる』）


「日本も強うなったわ」。この感覚ですよ、時間の縦軸を忘れないので眼前の結果にひどく一喜一憂せず、実際の力を的確にとらえられる。

2002年のワールドカップ。韓国がベスト4へ進み、その前で負けた日本のありさまを嘆く調子の若い記者に賀川さんは話しました。そのときの様子を記したコラムです。


あれは準決勝だったか、ともかく02年のワールドカップ期間中、日本代表がトルコに負けて数日を経て、記者室での「ミニ講義」の光景である。

本誌でもおなじみの長老にして現役ジャーナリスト、賀川浩さんの席を数人の記者たちが輪になって囲んだ。日本放送協会解説の岡田武史さんもそこにいたはずである。

過去、何度か、賀川さんのサッカー観を聴くことができたのは我が財産である。この午後も、いつものように歴史の縦軸ゆえに揺るぐことなき普遍的見解を伝えてくれていた。トルコ戦の淡いような敗北により「トルシエ批判」の空気も広がりつつある情勢を受けて、概略、次のように述べられたと記憶している。

「日本がだらしないという人もおるけれど、韓国の洪明甫がこれまで、なんべんワールドカップに泣いてきたと思う。これで４大会連続の参加、90年のイタリア大会にも出場しとるわけや」

90年大会、テレビ解説に王貞治を招かなくては放送局が不安になった「前Ｊリーグ紀」である。それだけの経験を経て、ようやく韓国は壁を突破した…。

個人的には、当時のサッカー報道の一部になくもなかった「神の視点＝いきなり強豪国と同格の理想に照らして批判する」が気になっていたので、ナマイキにも「我が意」を得たような気になった。サッカー専門でないせいか、他競技の牛の歩みと比べて、監督トルシエは「この時点でのサッカー国力」を引き出せたと素直に思えたのだ。

（サッカーマガジン　２００８年１月８・15日号『無限大のボール』）

つまりは第2章の最後でも述べたように、物事には順番があるのです。まだワールドカップではよちよち歩きの日本が、あそこ（ノックアウトステージ初戦）でトルコに負けるのは、歴史的観点をふまえれば、当然といえば当然かもしれない。

長すぎた日本サッカー低迷の弊害

ただ、当時の日本の記者の苛立ちも理解できます。サッカーは代表の低迷期が長かった。そのあいだに海外の質の高い試合やプレーを見て知ってしまった。だから「日本は世界標準に比べて劣ると考えてしまう」。サッカーのジャーナリズムに接して感じました。

ラグビーは、たとえば大西鐵之祐がいたおかげで一矢報いたところがあります。体格差が結果に反映されやすい競技にもかかわらず、よくぞ小さな体で健闘している、と思える名勝負もいくつかあった。なので「日本劣等論」を免れたのです。もちろん、サッカーは、わたしの表現では「地球で最大のスポーツ」なので情報もたくさん入ってきた。その裏返しでもあります。

「本田や中田はすごい。それなのに…」

結果、礼賛と批判がともに極端、極論になる。

「本田（圭佑）は際立つ。中田（英寿）はカリスマだ。なのに日本サッカーそのものは世界からひどく遅れている。こんなに主体性のないサッカーをしていると発展しない」

なんというのかバランスが崩れている。ワールドカップにやっと出場がかなって、いきなり「主体性のあるサッカー」を展開していたら、どうなったか。時間軸の観点では、必死で守り大敗を避けられたことが、のちの進歩を招いた気もするのです。内容とスコアはそんなに乖離しない。惜敗は惜敗として歴史になるのです。

「そこにあるものには、そこにある理由がある」。本大会16強に複数回進み、まさに「そこにある」サッカーで接戦を体験する。じわっと、そのチームだけでなしに日本サッカーの経験へ昇華する。ずいぶん海外崇拝の論調も落ち着いてきた気もします。

気をつけなくてはいけないのは、すべての結果を必然と達観してばかりでは社会は停滞する。ジャーナリズム、スポーツライターには一喜一憂の務めもあるのです。まったく平凡な言葉ですがそこはバランスでしょう。

バスケットボールの日本代表が3点シュートを軸にすえて強化を進める。結果もついてくる。しかし、ある試合で、ある選手が外してばかりいた。ここというところでしくじった。そのことを記者席に座る者が「全体として正しい方向に進んでいるのだから、なかったことにしよう」と考えたら間違いだ。それこそ「へたくそだった」と書いたってかまわない。

コラムなら「中学1年。書道部の筆者が昼休みに悪友と体育館で戯れ、そこにある球を放つと、すとんと枠に吸い込まれた。あれとそっくり同じ角度じゃないか」と失投を描写してもよい。そのうえで「3点シュート成功の確率からすれば、こんな日もある。個の能力の問題か。あるいは試合の進め方や準備が影響しているのか。失敗の研究がここでは問われる」というような目の前を離れた視点を忘れない。バランス！

記憶を粒立たせる

他愛のない過去を大事にできれば文章はふくよかになる

みずからの青春があまり好きではない人はスポーツライター、とくにコラムニストには向かない。読者を幸せにしない気がするんです。序章の「普遍性」で述べたようにスポーツはノスタルジー。思い出との相性がよい。だから、あのころの自分が好き、まあ、それほど嫌いではない人に適性がある。

困難な家庭環境に育つ。なにかでひどく挫折する。ひとりひとりの背景は違う。みなが同じように過去を愛するのは無理だ。それでも青春をどこかで愛する。憎まない。そうであれば記憶は粒立つ。自分の過去はだれかの過去です。「楽しい」。「恥ずかしい」。それから「ちょっといやかな」くらいまで。スポーツのなかで起こる事柄なんて、だいたいは他愛のないもの。そうした記憶を大事にするというのか、心と頭に残す者が向いている。

自分が16歳で抱いた気持ちは、いまの高校1年生のピッチャーも同じ。20年、30年の時を経ても同じ16歳。この感覚は大切です。

高校1年の投手を見つめて、一例で「ああ、こういうときって妙に緊張する」と思う。すると文章がふくよかになる。

常に次へ、次へと進む。ひとつ終われば、すぐ次に進む。そうではなくて、ものごとの周辺をウジウジウロウロしているほうがスポーツライターに向く。

わたしの高校時代、大学受験にまつわるコラムを一部引用します。


高校3年の冬、体育の授業で、あれは7キロくらいだろうか、ひたひたと校外を走った。全寮制の男子校なので万事に荒っぽく、体育とは、ランニングばかりだった。

いよいよ進路を定めねばならない。ある大学のラグビー部に入りたいと思った。寮則で夜11時には消灯せねばならず、秋の大会まで部活動に励んだ身に高望みは禁物である。スポーツを続けるから受験浪人は避けたい。

さて、どうしたら受かるか。それを走りながら考えるのが好きになった。東京とは信じられぬ田園風景、ブタやニワトリの声とプーンとしたにおいが流れてくる。それを気にせずシャッ、シャッと走る。

「たくさん学部を受けると集中力をそがれるから、なんとか手の届きそうなところだけに絞る」「好きな科目のみ猛然と勉強して不得手については運に期待する」

そんなふうに頭をめぐらせると、なんだか走った先に未来があるように感じられてきて、合格してもいないのに合格した後のことまでイメージがわいてくるのだった。

「ラグビー部に入れたら、このポジションを志望して、どこかでケガをするけれど、その困難から立ち直り、最初は大きな試合は無理だろうが、そんなに強くない××大学との試合でデビューを果たし…」

実際は、ケガをするところまでは想像通りだったが、ちっとも花は咲かなかった。でも、あの体育の時間がなかったら自分の人生は変わっていたのではないか。そう思うことがたまにある。


（東京新聞・中日新聞夕刊　２００７年３月27日『スポーツが呼んでいる』）

いいものは必ずちょっぴり悲しい

スポーツは郷愁でかまわない。そこにちょっぴり悲しみがあると、なおよい。よきアートはちょっと悲しいものです。ちょっとだけ。昔から映画が好きなのでわかる。「悲しい」は微妙な表現で、字のイメージでは「哀しい」かもしれない。悲哀に心は動く。

悲しみがない人と話しても、あまり、おもしろくありません。感心しても感動しない。もちろん愚痴はいやです。ちょっとの悲しみ。うるわしい思い出も、きっと、かすかに悲しくて哀しい。だから眼前のスポーツは、いわば未来に振り返る悲しみ、絶望的な悲劇ではなく、ちょっとした悲哀。そう意識して書くのです。いま少し嘘をつきました。意識はしない。無意識ですね。そもそもスポーツは郷愁なのだから。

対照の妙

スタイルの対照を書く

「対照の妙」はスポーツライティングの背骨です。コツと言い換えてもよい。いや、コツはちょっといやですね。教養と同じで嫌味に響く。

対照の妙はふたつに分けられます。ひとつはスタイル。ボクシングなら長身のアウトボクサーと背の低いインファイター。サッカーならパスの連続とロングボール。20年ほど前のボクシングの日本タイトルマッチにスタイルの対照の妙を感じた。その試合のコラムを一部抜粋します。

日本武道館を感動に揺らしたボクシングの午後、前座にも泣かせる決闘があった。

日本スーパーバンタム級タイトルマッチ、王者の中島吉謙に、気鋭の木村章司が挑む。

そこには過去の名勝負を構成してきた条件が存在した。すなわち「対照の妙」。新潟生まれの中島吉謙は王者であって、きらめく才能に恵まれていない。努力、謙虚な人格、不屈の意志でじわじわと地位をつかんだ。北海道網走出身の木村章司は際立つ反射神経の所有者である。専門誌が「木村スタイル」と命名した攻防のばらけぬ美しいボクシングで18戦無敗のまま挑戦権を得た。

（中略）

4回。中島、ダウン。ストンと尻から落ちる。木村の鮮やかな右だった。あ、中島の時間が始まる。そう思った。チャンピオンの試合をいくらかでも追えば、そのことは分かる。この人には「倒されることを前提とする」ようなところがある。

ここまで15勝6敗5分け。滑らかでない戦績だ。9年前にデビュー、最初の2戦に連敗している。つまり「天才」ではあり得ない。負けて学び、倒されて奮起をやめず、いつしか並外れたタフネスを身につけた。純粋培養のひ弱さとは無縁。さあ中島吉謙の時間が始まる。

（中略）

王者の圧力か挑戦者の有効打か。ジャッジ泣かせの判定は2―1、新チャンピオンの誕生を告げた。

「盛り返したと思ったんですけど。ダウンがすべてですね。効いてはいないけどパンチが顔に当たって倒れたんだからダウンです」

シャワーもない大部屋の控室に戻ると中島吉謙は誠実に言った。

反対側の控室、木村章司に聞く。中島の印象は。

「思った通りでした。強いチャンピオンと分かってましたから。絶対にあきらめないのもダウンさせてもこわい？

「あー、目覚めさせたなと」
緊張があった。技術があった。闘争心と尊敬があった。若干の出血があった。穏やかな微笑もあった。それはボクシングだった。

（東京新聞・中日新聞夕刊　2005年4月19日『スポーツが呼んでいる』）

対照的な存在は思考の軸のもとになる

もうひとつは環境および個性。地方のちっぽけな公立校と部員200人で豪華施設の私学の対戦は典型です。あるいは勉強が得意と不得手がぶつかったら興味がわいてくる。

対照の妙は野球の一塁側と三塁側のように分かれる。すると思考の軸をつくりやすくなります。それぞれはこんな感じと仮説を立てる。内容や結果が裏切られたとしても、それはそれで書くに値する。

似て非なる「スポーツ」と「勉強」の知性

野球で進学校といわゆるやんちゃな生徒の少なくない学校がぶつかったら楽しい。前者が戦略を駆使、後者はバットをとにかくブンブン振り回す。なんて乱暴な仮説をあえて立てる。実際は後者に冷静沈着な捕手がいて、前者に短気な4番打者がいた。ストーリーの始まりです。

ただし原稿で、こちらは勉強ができて、あちらはできない、と決めつけるのはよくない。あくまでも仮説の範疇にとどめる。そもそもスポーツは勉強と異なり、また重なりもする知性のほとばしる場ですから。真剣に打ち込んで、努力をやめない。そのことが衝動的な行動ではあり得ない。ここは間違いありません。スポーツをするから頭がよくなるのではない。スポーツとはそもそも知性的行動なのです。

選手への敬意を失えばライターはおしまい

敬意はもちろんです。「こいつはアホだから」と書き手が考えたら、そこでおしまいです。各競技の日本代表にあって、もっとも賢いプレーをできる者がもっとも勉強を得意とするとは限りません。東京大学ラグビー部ばかりが画期的な戦法を開発するわけでもない。

余談。昔、高校野球の東京都予選で兄弟が決勝でぶつかった。両親はバックネット裏の真ん中の通路の左右に分かれて座っていました。本当の中立。あれは、やはり野球のシーンのひとつであり、また人情の発露でもありました。新聞記者として甲子園の決勝を書いたこともあるのに、夏がくると、あの神宮球場の一幕ばかりを思い出します。人間、そういうことのほうを覚えている。読者も同じかもしれない。

インタビューの作法

自分が書きたいことさえ聞ければいい

第2章の「聞く」で話した通り、自分だけの記事を書くには、まず凝視しなければいけません。気づいた事実を終了後に当事者へとぶつける。見つめる行為が思考を明快にする。聞くべき質問はひとつかふたつに絞られて、結果、原稿が立体的になります。大量の質問は文章をひらべったくする。現実に活字が押しつぶされるような感じでしょうか。

ここからはインタビューについて。

わたしは初対面の編集者によく心配されます。余計な話に時間を費やしたり、円滑に進めようと媚びるような態度でヘラヘラしたり。こうした様子を「大丈夫か」と感じるのでしょう。でも先に絵が描けていればインタビュー中にどう思われようとも気になりません。

仮説と同様、仮の絵が頭にあればなんとかなる。これだけをここで聞くと決めれば、あとはヘラヘラ。でも、この人とはもうこうして会うことはないと思っているので気にならない。原稿の行方を定めていれば、答えが想像を裏切られることを含めて、過程はどうでもよいのです。

その人が言われて「うれしいこと」「いやなこと」がわかる

インタビューにおいては取材対象者が、これを言われると、また聞かれると「うれしい」。これは「いや」とわかる。なんとなくだが、わかる。すると、ひどいことにはならない。

これはラグビーのコーチ時代に学びました。そこにいる部員、ひとりひとりがなにを言われたらうれしくて、なにを言われたらいやか。瞬時にしてわかる。「瞬時」はやや比喩ですが、ここをつかめば、よいコーチングができる。すべて部員の感情にしたがうわけでもない。しかし、わかっていることは強い。

洞察力や観察力が求められる。根幹は愛情です。ひとりひとりへの関心が前提ですから。このことはスポーツライティングにおいても「その人らしさ」や「そのチームらしさ」や「その国らしさ」をあらかじめつかまえておく、という意味で重なります。

プロレスラーには「悲しみ」がある

プロレスラーのインタビューが好きです。どこかに悲しみがある。

本当はオリンピックをめざしていた。もしくは純粋なアスリートのままでいたかった。プロレスラーとしても悪役や道化でなく正統派になりたかった。けれど、さまざまな事情でかなわない。悲劇でなく悲哀です。

ルー・テーズという伝説のプロレスラーの英語の自伝を電子書籍の辞書機能を駆使して読みま

した。悲しみと誇りが複雑にこんがらがっている。八百長批判には、大略、こう反論しました。「本気で組み合えば両者はまったく動かないままだ」。苦しい。哀しい。でも、あえて書くと、少しだけ美しい。

プロレスに疎いがゆえに語ってくれた

ザ・グレート・カブキの話も深かった。聞き手がプロレスをよく知らないのがよかったのでしょう。気持ちよく語ってくれました。業界の事情に疎いので、あくまでも、王道のレスラーに対する質問をする。それがよかった。

中学を出て、レスラーになると上京、最初は入門を断られる。そこから始まって、結局はアメリカで道化を演じることになる。成功して帰国すると、正統派に戻してくれるはずが戻してもらえない。プロレスの話ですが、人間の、もっと述べるなら人生のストーリーです。この人ならではの歩みが万人の屈託に重なる。

英語の発音がいいんですよ。中学を出てプロレス界に飛び込み、アメリカ修行中に実践というか実戦で身につけたイングリッシュ。ハロウィンの発音が「はぁろぅうぃん」。泣けるんですよ。

ザ・グレート・カブキを覚えているか。あの毒霧ってやつを。あれは滑稽と切なさと知略と責任感のまぶされた世にも美しい水分の飛散だった。

アメリカ・テキサス州ラバック。ファイトを終えて汗流すシャワーの位置がやけに高い。上のほうから落ちてくる水を口に含んで、なんとなくプワーッと吹いたら、天井の灯りに虹がかかった。本人の記憶によれば1980年2月の出来事のはずである。

これだ！　プロモーターにアイデアを伝えた。さっそくマットに披露するや「リングサイドの子供たちの目がみるみる輝くのが見えた」

雑誌『ライフ』のグラビアに着想を得た歌舞伎風のペインティングとともにザ・グレート・カブキのマットにおける生き方は定まった。

「結局、毒霧ですよ。たちまち飛行機のチケットが束で届いて、クルマの移動はなくなった。待遇、まったく違いましたよ。もうテレビ局には親から抗議の電話が殺到してね。子供がジュースでマネするから止めさせろって」

本名、米良明久、最初のリング名は高千穂明久、長いアメリカ暮らしにてカブキの名を戴いた元プロレスラーは、フッフッフッと笑った。

（中略）

宮崎に生まれ、愛知の中学を出て、力道山にあこがれて上京、人種偏見にさらされながら何年も何年もアメリカで腕を磨き、いまカンサス州を「キャンサス」と発音する。

「歌舞伎風も毒霧もアメリカに永住のつもりだったから。日本では嫌だったよね。やっぱりストロングスタイルでやってみたかったから」

正統への永遠の憧憬。プロレスラーとは豪放と哀愁を同時に生きる怪物なのだ。だから愛されるのである。

（SPORTS Yeah! No.145 ２００６年8月10日号『至高の晩餐』）

こういう叩き上げの、学歴とはあえて無縁の人が身につけた英語はたまらない。プロレスではなく、たくましさと等量の悲しみを書くのです。

事実を集めて「嘘」を書く

ムダを省いた文章は絵が浮かび上がる

取材で正確な情報を集める。そのうえで嘘を書く。スポーツライティングの要諦です。携帯電話のないころに甲子園の優勝投手が、宿舎の固定電話で親に連絡をする。余談ですけど「携帯の時代」になって映画もスポーツ記事もつまらくなりました。電話ボックスが登場しないからです。話を戻します。

取材で「宿舎の玄関を入ると、どのあたりに電話があったか」「それは何色だったか」と細かく聞いておく。事実の断片が集まる。それで具体的な場面が書けるんです。

旅館の玄関脇。棚の上にピンク色の電話があった。１００円玉を10円に崩し、そのうちの５枚を入れてダイヤルを回す。青森に住む母にはすぐつながった。

これはあくまで一例で、詳しくは次項の「場面に語らせる」で触れますが「きのうは親に電話しましたか」と安易に聞くよりも原稿は立体的になります。

しかも、ひとつの嘘もありません。当事者の見た景色や証言を再現しているので。そこに嘘はない。でも立体的に書くと、本人が読んだときに嘘のように感じる場合があるんです。ムダを省くと場面がポッと浮かび上がる。本当は玄関のまわりにたくさんの人がいたかもしれないし、チームメイトから冷やかしの言葉をかけられたかもしれない。でも電話をかけるシーンとしては、それらを省略しても間違いではない。

コメントもそう。取材対象の言葉を長く紹介するよりも「ここぞ」という一言をポンと書くと、嘘はないのに、嘘みたいに絵が浮かび上がる。

このことはスポニチ記者時代にあるボクサーに伝えられて気づきました。ベテランがいい年齢で新人王になる。先ほどの手法で記事を書いたら後日、本人が言いました。「まるで自分じゃないみたいだ」って。そのときに「あ、これだ」と思ったんです。

その原稿です。

仕事を終えて、小さな酒場でボトルを半分ほどあけた。それなりに気分はいい。アパートへ帰り、ベッドに倒れ込む。翌朝はまた現場だ。

「そんな毎日でした。そして一年に二回か三回、決まって同じ夢を見るんです」

後楽園ホール。ライトがまぶしい。自分はボクサーだ。ゴングの音。野太い声援。クリンチ。すぐに割って入るレフェリー……。

中学生の時、ボクサーにあこがれた。いつか後楽園ホールで試合をしてみたい。十八歳で上京。さっそくジムの門を叩いたが、「つらくて」十カ月ほどで挫折する。

それからは、仕事に責任を持ち、同僚と酒を飲み、女友達とデートもするありふれた日常を過ごしてきた。

気がつくと二十七歳。「いつまでも同じ夢を見て、後悔しながら生きていくのか」

ある日、走り始めた。仕事場からジムへ一直線。日曜日も休まない。二十八歳でプロテスト合格。二十九歳でデビュー。二連敗のあと元日本ライト級王者の石川圭一会長、田野弘トレーナーの指導を仰ぎ強打で三連勝。三十歳にして東日本新人王をつかみ取り、ささやかではあっても初めてのスポットライトが自分に向けられた。

「最後の青春。ボクシングだけは素直な気持ちでやってます。仕事では、わがままなところもあるんですがね」

勤務先の建築会社での肩書は「工事部次席」。早朝5キロのランニングのあと八時から午後五時まで、マンション建設などの現場監督として働く。仕事仲間の大半は「監督」がボクサーだとは知らない。酒席はほんの十分ほどで退散、減量中は昼食時に姿をくらます。「ストイックな生活です。彼女もおりません」

先月二十八日が三十一回目の誕生日だった。「日本タイトルに挑戦したい。もしも勝ったら、自分から新聞社に乗り込んででも話したいことがたくさんあります」

あす十六日、全日本新人王をかけたゴングが鳴る。会場はもちろん後楽園ホールだ。

（※この記事の主人公の名は但野正雄。1990年度ボクシング東日本ミドル級新人王。全日本新人王決定戦は惜しくも判定で敗れた）
（スポーツニッポン　1991年2月15日　11版）

カギカッコの「嘘」

古今東西のジャーナリズムで繰り返される見解。「テレビのドキュメンタリーも編集した時点で本当の事実ではありません。その意味では嘘です」。ただし事実を捻じ曲げたり意味をさかさまにしたり、犯罪を隠すわけではない。カギカッコつきの「嘘」と表現するべきでしょう。

スポーツライティングも、その人らしさを描くには、さまざまなことを省いて文章を立体的にする。結果、描かれた側が嘘のように感じる。カギカッコつきの「嘘」。そのためにはディテールが大切です。スポーツを書く基本です。

プロフィールや経歴も同じ。すべての情報は本当だけれど、一部を省略するだけで、その人物像が浮かび上がる。逮捕歴があるのになかったかのように書くのはまずい。でも一般的な経歴であれば、「ここは省いて、これとこれだけ」というような取捨選択は自由でしょう。

スポーツとはストーリーである

この項の主題である「事実を集めて『嘘』を書く」を実践すると、原稿はストーリーになります。そもそも、スポーツとは物語そのもので、そうならざるを得ない。人間の行動のもとに成り立っているのだから、当然といえば当然です。

とくにチームのスポーツは顕著ですね。集団的であるがゆえに人間関係は赤裸々で否が応でも物語が生まれる。優れた指導者や選手はチームを向上させるためにストーリーを上手に用います。

ラグビーの名指導者、清宮克幸さんもそのひとりで「ストーリー・物語」を題材にしたコラムを書きました。一部引用します。


スポーツのよき選手、監督には、ストーリーを描く力が備わっている。

（中略）

ストーリーの長さはそれぞれだ。PKに立ち向かうサッカーのGKの読み。投手の1試合での配球。監督は、長いシーズンをどうハッピーエンドへ導くか山あり谷ありの物語をイメージする。

ラグビーのサントリーを率いる清宮克幸監督は、低迷のチームを躍進させると「ここまではストーリー通り」。しかし決勝に1点差で敗れたら「こんな内容の本じゃ勝っても売れない」と発展途上の自軍を表現した。

今月初めの本紙に「円周率10万けた暗唱の達人」という記事を見つけた。あの「3・1415…」である。61歳の達人は膨大な数字を「物語にする」ことで記憶するそうだ。サロマ湖の原野の動物が嵐に負けず生きる話と数字の列が結ばれる。

ストーリーを描くとは、無限の広さを自分の幅へ変換することだ。するとスポーツでも、遠くに見えたはずの強敵と接近できてしまう。無限に映る世界は、実は、一人ずつの幅の集合体だからである。

（東京新聞・中日新聞夕刊　2007年3月27日『スポーツが呼んでいる』）

一時、物語に寄りかかってはいけないというスポーツライティングへの批判がありました。この言説を唱える人たちは、なんというのかアカデミズム系の批評にこれも寄りかかる。序章でも触れた「専門分野で通用しない教養で自分を輝かせる」典型で、やはり間違っています。スポーツをまじめに追うと自然とストーリーになるんです。

場面に語らせる

ディテールを書きすぎない

「場面に語らせる」とはアメリカのいわゆるニュー・ジャーナリズムの手法のひとつです。取材対象の「言葉」だけでなく「その人がいる場所」を描く。おおまかにくくると1970年代に広まった。

いまでは珍しくもないですが、当時は斬新に感じました。自分でもスポニチ在籍時によく試しました。新聞のリポート、試合や練習の報告記事では少数派だった気がします。張り切りすぎてよく失敗した。大学のラグビー選手の卒業に際しての短い記事をその方法で書いて、まとまりがつかなくなったり。あのときは編集のえらい人に「君はなんでも物語にするが、このくらいの長さの記事は普通でいいんだよ」と諭されました。そのクセはまだ残っています。ディテールをつい聞いて調べたくなる。平面を立体にしたい。

つまりは、絵でシーンにする。小説なら想像でも問題ないけれど、スポーツライティングでは事実を曲げずに。

経験を積むとなんとなくわかってくる。すべてを細かく書いてしまうと、その細部が死んでしまう。普通に書くところと細々と書くところ。バランスをうまくとる。そんなことを考えていたころの山本徳郁についての原稿です。

神の子は白のソファに腰を沈める。

照明はすでに落とした。若く美しい妻、ふたりの愛児はとうに寝静まっている。白い壁に白い床。それらを浮かび上がらせる暗闇。ファイターのリーチの幅のテレビ受像機だけが光る。

リモコンに触れると、やがて、ギリシャ人のヒットを浴びて、意識を飛ばしつつ沈んだ自分の姿が映し出される。

見たくもあるまい。そんなもの。

いや、違った。

「それ、いじめられっ子の考え。絶対に」

おのれの失敗から目をそむけるのは弱虫なり。KID、山本徳郁は断じた。

「負けた試合の録画は朝まで。何十回も。勝った試合は見ない。そうじゃないと、なぜ負けたかわかんない。試合の日にすぐ確認」

繰り返し、また繰り返し、殴られし我が身を凝視する。すると「ハッと気づく」。さっきまでわからなかった敗因が。

「最初は負けた恥ずかしさもある。あとはテクニック、そこまでの試合運び。いままでよかったクセが、ほかの事を始めて悪くなってることも」
独特の抑揚に個性はのぞくけれど、取材の録音テープを再生すれば、そこにはアスリートたる青年の実直な向上心が記録されている。

(Sports Graphic Number 2005年9月15日 臨時増刊)

ライターは「すばらしい」と書いてはいけない

その人らしさもシーンで書いたほうがいい。ライターが「すばらしい」と書くのは論外で、いかに「すばらしい」かはシーンに語らせる。もしくは他者の発言を使う。地の文で「すばらしい」と文字にするのはサボっていると思いますね。

その人とそのシーンの例の文章です。

先のワールドカップにおける一場面を記録しておく。
旧アームズパーク。ジャパンはウェールズへと挑む。前半十八分、元木由起雄のタックルをきっかけにグレアム・バショップ—大畑大介でトライラインの右端を陥落させた。刹那、記者席左斜め前方のウェールズ人が起ち上がり、右の腕を突き出した。ついで短く叫ぶ。「イッエッス」。見事な反射神経だった。男は喜んでいた。バリー・ジョンはとても喜んでいた。

全盛の二十七歳でとっとと引退した不世出の元「天才」スタンドオフは、なぜ母国の失点に日本人への儀礼を超えた歓喜を示したのか。この時点でのスコアは接近していた。「勝負あった」のちの行為ではない。

凝縮された瞬間に、かつてのスーパースターの栄光と、ひょっとしたら鯨の尾の骨ほどの屈折が見えた。見えた気がした。キャリアになんの汚点も残されていない名士は、それでも、ラグビー・フットボールへの悔いを残している。きっと、そうなのだ。

想像である。ただの判官贔屓だったかもしれない。しかし、ラグビーを書く者は林檎の皮で決めつける。

「やつは屈折しているよ。だってジャパンのトライを奇妙なほど喜んだもの」

（『ラグビーの世紀』）

バリー・ジョンは、サッカーならジョージ・ベスト級。自国開催のワールドカップでジャパンが母国ウェールズとぶつかる。自分がかつてまとったジャージィの後進がトライを許したのに喜んだ。そこに反骨精神、変人で天才ぶりが現れている。天才も取り扱い注意の言葉。ちょっと安易なので。なぜ、そう呼ばれるのか。場面を書くとわかりますから。こういう人は普通が嫌いなんです。文中の「とても」。いまは打ち消す言葉の前に用いるようにしています。

仕草で内面を想像させる

そもそも一回や二回のインタビューで内面を書けると考えるのが間違い。その必要もありません。ちょっとした仕草さえ書けば、「この人は神経質だな」「この選手はいいやつそう」と読者が想像してくれます。その人らしさは場面に語らせればよい。

以下は仕草を書くことで「その人らしさ」を表そうと試みた文章です。

ひとつの風景がある。

東京の私鉄沿線、いたって庶民の街である武蔵小山の昼下がりを男が歩く。本当なら大男と書きたい。しかし、そうでもなかった。

黒いジャージィに白い靴下にサンダル。「卵10個２５０円」の店先を通過すると、少し眠たさそうな顔が、この場所と時間にとても溶け合っていた。

桜庭和志である。

合成樹脂の光沢をたたえる耳たぶは、なるほど職業の厳しさを表現して、まったく凹凸をなくしている。

「ばんそうこう、ある」

その耳の具合が悪いのか、写真撮影に付き添った広報担当にたずねる。「とってきます」。すぐそこの事務所より小箱を手に「株式会社高田道場」の橋本知美さんが戻ると、たいそ

う有名なはずの格闘家は、自動車がそれなりに通る幅10メートルほどの道路を自分のほうから渡り受け取った。

この10メートルに人間性が浮かぶ。よい悪いでなく性格と生きてきた軌跡が。

お茶目なコスチュームで格闘産業の隆盛をあおり、ときに無慈悲な殴打を辞さず、そして三度も自分を負かせた「狂犬」と称される闘犬にまたもや挑む。そんな、もうひとつの姿は、ここには見当たらない。

（SPORTS Yeah! No.108　2005年1月6日号）

琴欧州は、この時、朝青龍については話さなかった。いや本当は話した。ただし最初から最後まで「今の横綱」と呼んだ。「今の横綱は先に自分から動いてくる。前の横綱は受けてくれた」。ちなみに前の横綱とは、映像で研究を続ける貴乃花である。

ある例が思い出された。

英国のオックスフォード大の学生は、ライバルのケンブリッジを「東の方の大学」と呼んだりする。その名を声に出したくないからだ。

今の横綱…。あれは遠回しの好敵手宣言だったか。

（東京新聞・中日新聞夕刊　2006年1月17日『スポーツが呼んでいる』）

桜庭和志の原稿、おしまいのほうの「狂犬」と闘犬の「犬」のダブり、気になりますね。いまなら「狂の字のつきまとう闘犬」とでも書きたい。

さて、当然、その人らしさは書きたい。書こうとする。でも「表層」が限界です。本人が本当にどう思っているかなんてわからない。「本当のことをしゃべります」もセルフプロデュースかもしれない。意地悪なようですけど、疑ってかかるのも職責のうちです。

なにかを見て、見つめて、その日を書く。本当にどういう人かは場面、シーンに託せばよい。

本当の知性

「アマゾンの森林伐採を解決するためにラグビーをやるんだ」

「知性」という言葉は口に出すと恥ずかしい。お前はどうなんだ。ま、そういうことです。でもスポーツを書くときに素通りはできません。スポーツそのものが知性的行動なのですから。闘争、緊迫の勝負のただ中に示される知性とは「答えのない問い」を突破する力と態度だと思います。勝つか負けるか、痛い苦しい、そんな緊急事態にあって未知の難問を突き抜ける。以下、文章論よりもコーチング論の範疇です。いつも考えてきたことなので述べます。

東京都立国立高校のラグビー部コーチ時代にたまに部員に話しました。

「アマゾンの森林伐採についての問題を解決するために君たちはラグビーをするのだ」

こういうことです。地球環境を考えれば、当然、むやみな森林伐採は間違いだ、先進国の良識ある人々が憂慮する。運動も始める。しかしアマゾンの住人にしてみれば、木を切って、なんとか子どもを学校に通わすことも可能だ。

どちらにも理がある。現地の民は「先進国の連中は先に伐採して豊かになりながら、いまごろ、こんなことを言い出す。卑怯者め」と主張する。ここに国立高校ラグビー部の出身者としてどう答えるか。机の上の勉強と異なり、あらかじめの正解のない難問をいかに解くか。

そのことは試合やその準備の過程になんというのか疑似的に経験できる。肉体的にきつく、刻々と状況は変化する。その連続にあって、他者の指示に頼らず、みずから判断を重ねていく。真剣勝負のスポーツの真価でしょう。「アマゾンの森林」を例に引くのはもはや古いかもしれない。しかし、地球温暖化の阻止、原子力発電の将来、スポーツの知性の出番はあると信じます。記者席にいてそこでアスリートを見つめる。ずっと「アマゾンの森林」について考えているわけではありません。でも本当に思っていることなので頭の隅からは消えない。あっ、いまあの選手が予期せぬ難問を解決した、と、わかれば職業の幸福です。

答えはいつも「際」にある

いつでも解決の難しい問題はたくさんあるはずです。

自己責任論もそのひとつ。仕事をサボる人にお金をあげてよいのか、努力する者だけが金持ちになれればよいのか。そもそも努力しても報われぬシステムがあるのでは。

スポーツライティングに簡単に結びつけるのは難しい。あえて言葉にするなら、「際」の問題です。「きわ」ですね。割り切れないところに実相が横たわる。

安易な二項対立では事実にたどり着けない

これも国立高校のコーチのころの話。いわゆる進学校なのに3年部員は秋まで活動を続けて花園出場をめざした。わたしも「小よく大を制しうる＝ただし緊張に満ちた猛練習をすればね」の早稲田流の心構えで鍛え、しかし、そうやすやすとは私学の強豪に勝てない。善戦できても勝ち切れない。そんな時期はどうしてもある。

　ある日、キャプテンが「コーチが帰っても居残り練習をしよう」と唱えた。すると別のリーダーが、「そこまでやったら文武両道の範囲を超える」と反対しました。そこから数人が車座になって話し合った。

　わたしは変に耳がよいので、いささか離れた位置にいても聞こえる。しばらくすると、こんな解決策に達しました。「3年生は残る。2年生、1年生には絶対に強制しない」。そんな結論だった。「アマゾン」です。これこそ知性的行動なのだ。水道で土に汚れた手足を洗いながら、うんうんうなずいておりました。

　リクリエーションのスポーツではこうならない。わたしはよく「闘争的スポーツ」と書くのですが、勝利至上の決意が知性を引っ張り出すのです。チャンピオンシップのスポーツの価値です。効用と書いてもよい。

　テレビのワイドショーなどで繰り広げられる「勝利至上主義批判」は浅い。普通のチームが高い目標を掲げる。内側にいやなことがあったら、もう、それだけで勝てません。殴る。ボスが私物化する。学校経営の露骨な手段とされる。そういうことがあれば絶対に負ける。世になんとなく広まる「勝利至上主義」とは「非・勝利至上」なのです。殴ったら、部員ひとりひとりが本当に傷つき、いやな気持ちになったら、きっと負けるのですから。

そこで「際」なのです。ときに苦しい練習もある。練習試合にだらしなく負ければ、コーチは罰則の鍛練をさせるかもしれない。だが殴らない。いじめない。部員ひとりひとりの尊厳を大切にする。ただし、いつも楽しく、いつも快いわけではない。

本物の勝利至上は「際」にあるんです。猛練習にも自主性は培われる。楽しい練習でも培われない例もある。

スポーツライティングも「際」をつかまなくてはならない。際を知る、際を想像する力です。

「スポーツと知性的行動」が主題のコラムを一部引用します。

暮れの某日、東京・中野の酒場のカウンターで、たまたま元プロボクサーの隣になる。諸岡正明さん。かつて協栄ジム所属。現役時代はスーパーライト級の日本ランカーだった。現在は若くして外装工事の会社を率いている。さすがリング談義には迫真があった。

（中略）

印象的だったのは次の一言。「ボクシングはケンカしたら負け。燃えてるけど頭は冷静でないと」。誰でも語りそうなことだから、本当に語る資格のある者だけが言葉にすべき真理である。

（中略）

去る年、来る年、いつでも人間は、ことに若者は「未知の難題を突破するために」スポーツをするのだ。

沖縄の普天間基地の移設問題をニュースで追うたびにスポーツを思い出した。沖縄にばかり基地が集中するのは絶対にアンフェアだ。しかし米国との関係がこじれると新しい問題は持ち上がる。利害と感情と原則はこんがらがる。スポーツの最前線でよくある難題だ。ここにいかに立ち向かうのか。

定められた答えを見つけるのとは違う。誠実なる意思伝達と想像力、何より寛容の精神がなくては突破できない。そこでは「燃えてるけど頭は冷静でないと」という元ボクサーの教訓も常に有効だ。

27日、大阪・花園ラグビー場の全国高校大会、岡山県代表の倉敷工業高校は初戦に散った。山口徹尚監督は穏やかに言った。

「選手たちは本当に成長しました。最初に大きくリードされながら試合をきちんと組み立てられた」

春までは部員不足で他校との合同チームで公式戦を戦った。確実な進歩。それが生きるということだ。

(東京新聞・中日新聞夕刊　2010年12月28日『スポーツが呼んでいる』)

「際」を考え抜く

殴る指導者がなぜ勝たせられるのか

「際」について続けます。まず決めつけておきたい。ビジネス書はよくない。ビジネスの書ではなく、処世を能弁に語るビジネス書のことです。理由は解が書いてあるから。万事に実相とは「際」と無関係ではない。説明には時間がかかるのです。

勝利至上主義の例。ぶん殴っても勝たせたい指導者はけしからん、あってはならない。いっぽうで負けても楽しくのびのびしていれば、それでよしと宣言するクラブがある。

本当のことは、その真ん中、際にあるんです。

わたしは暴力を嫌悪します。先ほど述べたように、普通のチーム、選手を普通の指導者がぶん殴ったら、即、敗北です。ただし、さらに例外という「際」はあって、ときに選手を殴るのに、限られた戦力ながら、それなりに勝つ指導者がいた。いまもいるかもしれない。卒業生もそれほど恨んでいない。わたしはそれでも暴力を否定する。よしとするわけではありません。

ただスポーツライティングの立場からは、こうも考える。「殴っているのに、なぜ、あの人は勝たせられるのだろう」。そう想像してみる。

繰り返しですが、わたしは殴ったら勝てないと考えます。もとより尊厳を傷つけている。また殴っても好かれ勝つほどの監督なら、少し手間をかければ、殴らなくても勝てるはずだ。そう信じます。しかし、実際に勝ったし、周囲の想像よりは「殴られた側」が恨んでいない。その例も存在する。「際」を想像するとは、そういうことです。

「本当」を語るには膨大な時間がかかる

一言で表すなら「割り切れない」ですね。相反する事象がからまり、重なっているかもしれない。渾然一体となっているかもしれない。

わたしの結論は、よき指導者さえいれば勝利至上のほうが人間は伸びる。なぜなら心が大きく動くからです。それには有能なコーチの存在が条件なのです。ここは難しい。愛があり、知性と教養があり、おそるべき情熱があり、慈悲に富む指導者なら勝利至上の道を突き進むべきだ、と、いうように説明に時間を要するわけですよ。ワイドショーのテーマには向いていない。

わたしの在籍した早稲田大学のラグビー部は、まさに勝利至上の集団でした。栄冠こそを善とする歴史を歩んだ。「絶対に勝つ」。クラブを緊張が覆い、なのに後輩に私用を命じたり、暴力を行使するような文化は皆無でした。寮の掃除はキャプテンであろうと平等に担当する。ひとりの人間を大切にしてくれた。しかし、練習はピリピリしている。だれも殴らないのに新入部員はどんどんやめていく。

あのクラブによき文化があるのは、自分がいたからわかります。早稲田のラグビー部に限らず、勝利に貪欲でありながら、人間の尊厳を大切にするチームは世の中にあるはずなのです。それを知る身にしたら「勝利至上主義はけしからん。人間を傷つけるから」と、とがめられても割り切れない。以上はひとつの例ですが、スポーツライターは「際」を想像しなくてはいけない。そう思います。

際を知る「本物」の指導者たち

話の流れで指導者論を少し。シンクロナイズドスイミング（アーティスティックスイミング）の井村雅代（＊4）さん。本物ですね。書籍を読むたびに納得します。まさに正しき「反・反勝利至上主義」。つまりは勝利至上主義です。

「『負けはしたけど、頑張った日々にも価値があった』なんて、一見素晴らしい言葉のように聞こえますが、そんなことはスポーツの世界では通用しない」（『教える力』）

乱暴に読めて、でも、これは実感なのです。反対から考えると、勝利を至上とする者のみが、負けて得るものがあると、心の底からわかるのです。

「選手たちの人生は今なんですよ。あの子たちに十年後はないんです」（同）

しびれますね。この言葉はそらんじてます。そう突き詰める指導者がいて、だからこそ10年後の選手は不幸にならない。

バレーボールの山田重雄（＊5）も凄まじい。自伝の『金メダル一本道』はわたしの座右の書でもあります。言い切ってしまえば狂気の人物の一代記。毀誉褒貶にまみれ、友人になりたいかと問われたらお断りしたいですが、圧倒的な勝負論です。周到な準備、そうして構築した理屈をへっちゃらで放り棄てそうな勝負魂。戦力に劣るとみるや理想を取り下げて「一点突破」で難敵を退ける。

プロ野球の指導者は三原脩(*6)に尽きます。前年度リーグ最下位の大洋(当時)をいきなり日本一にした名将。『風雲の軌跡』はコーチ必読の書です。「野球は科学的スポーツだ、という。とんでもない話である」。たまりませんね。きっちりと勝利の軌道を描いて、なお軌道を外れる人間の勢いを信じていた。往時の日刊スポーツの記者の聞き書きが達者ですいすい頭に入ります。書く立場にも参考になる。

スポーツは人間のすることだから相反の塊なんですよ。大西鐵之祐は「理外の理」と表現した。井村、山田、三原、みなそのことを知っていた。合理があって合理の外がある。科学をきわめてスポーツは科学に収まらぬと言い切る。「科学と非科学の統一」。大西鐵之祐の終生のテーマでした。

「枠」があるから「枠」を出られる

サッカーのワールドカップ2002年大会で日本がノックアウトステージに進めたのは「選手たちがトルシエ監督から自立できたから」だ。そんな論調があったと記憶しています。硬直的な戦法を選手の側が微調整した。言いなりにならなかった。これもまた簡単に割り切った思考です。トルシエが「フラットスリー」というひとつの方法を徹底させた。いわば植えつけた。だから選手はそこから出られたんです。最初から放任されていたら、もっと弱いチームになっていた。監督が枠を設けて、その圧のなかで選手をひとつ上のレベルへ引き上げた。

まさに俳人、松尾芭蕉の世界です。

格に入りて格を出でざる時は狭く、格に入らざる時は邪路に走る。格に入り、格を出でて初めて自在を得べし。

枠にがんじがらめでは自在を欠く。しかし枠がなければランタンなしに暗い山道を歩くようなものだ。芸術の核のようなものでしょう。枠があるから枠を出られる。

チーム戦術も簡単には割り切れない

2022年の女子ラグビーのワールドカップでの日本代表の戦い方は一本調子だったのかもしれません。ひたむきにタックルを繰り返し、パスをつなぐけれども、体格や経験、身体能力で追いかける側なので最後は負けてしまう。大会のある試合を切り取れば、もっと応用を利かせたほうがよいとの論調があって不思議ではない。でも持たざる者は徹底があって、初めてステージに立てるのです。

それを「応用が利かない」と切り捨てるのは安易でしょう。チームは人間の集合体なので、コーチが極端な指導をして、ようやく浸透します。「絶対に蹴るな」で半年を費やして、ようやくボールをうまく扱えるようになるのです。

才能の集まる集団なら「自分たちでバランスをとれ」と最初に指示できるかもしれない。チームのレベルや状況、置かれた立場は、ひとつひとつ違う。同じチームであっても顔ぶれによって変わる。スポーツライターが、そうした流れをすべてつかめるかはわかりません。ただ想像はできる。「なぜ単調な戦法に徹するのか」と。

まさに「そこにあるものには、そこにある理由がある」。サッカーでゴール前にひたすらロングボールを放り込むチームがあったとします。「なにも考えていない」「時代遅れ」と書くのは簡単です。しかし、放り込みの具体的な方法、こぼれ球の拾い方にもしかしたら先端の理論が隠されているかもしれない。そこを想像してみる。「なぜ、なにも考えないかのように放り込むんだろう。もしかしたら考えなくてよい仕組みができあがっているのでは」というふうに。

万事、本当のことの説明には時間がかかるんです。２０２２年のワールドカップ期間の「放り込み」についてのコラムです。


素朴な疑問。たとえば米国テキサスの猫も小魚の骨が好きなのか。ああのあたりでフィッシュのスモールなボーンは手に入るのか。そもそも本当に好物なのか。いま向き合っているパソコンから調べればわかるはずだが、なんとなくそうしたくない。ずっと「正答」を放置している。

サッカーのワールドカップの中継を楽しみながらふくらんだ「?」。それは試合終了近く、負けている側の繰り出す「パワープレー」についてだ。

長いボールを敵陣深くの長身の仲間めがけてドカーンとけり込み、こぼれた球にラッシュ、なんとかせしめてシュートにつなげようと試みる。やけっぱちといえばやけっぱち。しかし、ひいきのチームが勝っていて、相手がこれを仕掛けてくると存外に恐ろしい。そこで思う。

この放り込み戦法、追い詰められる前、もっと早い時間に遂行してもよいのでは？　放り込まれるほうがこんなに不安を覚えるのだから。

インターネットで検索すると統計や確率を用いた論考が見つかるかもしれない。でも自分の頭でグルグルと考えたい。さて前半から「ドカーン」はよろしくないのか。単純な方法にも必ず細部は存在する。ディティールを磨けば奇策も独自の正統のはずである。

あるいは正確なパス回しで防御をほんろうできている時間帯、あえて長いボールいっぺんとうに切り替える。しばらくするとまた理詰めの崩しに戻す。守る側は混乱する。

多くの場合、素朴な疑問は専門知識に説き伏せられる。「テキサスの猫」もきっと。ただ、しばらくは信じたい。中盤にひしめく名手を飛び越す丸い球は「慣習の打破」を運んでいる。サッカー史をいくつか回った前衛であると。

（東京新聞・中日新聞夕刊　２０２２年12月14日『スポーツが呼んでいる』）

メンバー選考はすぐれて監督の専任事項

ラグビーでもサッカーでもワールドカップのメンバー発表にあまり興味がありません。セレクションとは監督のもの。すぐれて専任事項でしょう。話題として書くのはよいが、選考には監督ならではの理由があるので、あとは結果で判断する他ない。

到達点は監督の頭のなかにある。優秀な指導者であれば、そこから逆算してチームづくりを進める。依怙贔屓、スポンサーが押し込むという疑惑があれば、もちろんジャーナリズムは反応すべきです。でも同じポジションのどちらを選ぶかは監督しだい。関心がわかない。

自分にコーチ経験があるからかもしれない。メンバーの発表なんて小さな紙に印字して壁にぴょんと貼っておしまい。そんなものです。

かつて日本代表の岡田武史監督が三浦知良と北澤豪を外した。批判や同情で日本列島がざわざわした。でも熟慮の末の決断にすぎない。後年に本人が「あらゆる状況をシミュレートして出番はなかった」と話すのを聞きました。しくじれば責められる。監督とはそういう仕事なのです。

「セレクション」についてのコラムもなんどか書きました。

つまり監督とは「選ぶこと」においてドライであるために、ホットに、フェアに生きなくてはならない。熱く、すべてを捧げ、どこまでも公正に選手へ接し、そして冷徹に選ぶ。おのれの信じる方法に絶対に従わせる。負ければ責任を引き受ける。それがサッカーの監督である。

「コーチとは、最も聡明で、最も慈悲深い独裁者によって行なわれるべきだ」

ウェールズのラグビー名指導者、カーウィン・ジェイムス（故人）の見解だ。競技の違いをまたぐ名言だと思う。

（サッカーマガジン　2007年3月17日号『無限大のボール』）

立ち止まって考える

世の中の流れに「ちょっと待てよ」と唱える仕事

批判にせよ称賛にせよ、ある事象に世論がひとつの束と化す。そのとき。「ちょっと待てよ」と唱える。考えられる。スポーツライターの資質だと思います。

流れに掉《さお》ささない。

それはジャーナリズムのそもそもの職責でもある。権力に媚びる取材者に接すると「なぜ、この仕事を選んだのか」と素直に感じます。媚びて出世できる仕事、いや、権力そのものを選べばよいのにと。

「ちょっと待てよ」はSNSでも気にかけたほうがよい。あっ、わたしはSNSをしないライターの最後のひと枠を狙っている。それはそれとして、なんであれ、インスタントに反応するのは危険だ。待てよと立ち止まる。暴言をひどく糾弾される人物がいたとして、世の中が「やっちまえ」と燃える。このとき「なぜ、こんなひどいことを口にするのか」と考える。即時、わーっと反応しない。

コラムニストには、ことに求められる。読者が薄らと覚えている感覚を言語化する仕事です。みなが大声で唱えていることではなしに薄らとした違和感をすくいとる。それこそはコラムの要諦。

ユーモアをまぶして書くのが理想です。

ただ「ひどい暴言男」と表現したのでは、ライターの資質にとぼしい。大勢のインスタントな感覚や反応をわざわざなぞる必要はない。

もっとも、もっと危ないのは「安易な逆張り」ですね。拙い天邪鬼というのか。


「どうあるべきか」より「どうすべきか」


「ちょっと待てよ」の思考の流れを考えます。

ドイツでサッカーの少年少女を教える日本のコーチの本（『ドイツの子どもは審判なしでサッカーをする』）を書評のために読みました。「控え選手なし」や「ある年齢までは全国大会なし」という育成法が紹介されています。寛容、自立、人権の観点でスポーツライターの参考にもなる。読み進むうちに考えさせられました。だってドイツのサッカー男子代表とは勝利至上の権化じゃないか。そちらへ傾かぬように育てられても、いずれそうなるのだ。ここで立ち止まって考えるんです。


そうであるならば、日本がドイツ式育成法にぐんと傾いたら、ひどく勝負弱くなるかもしれない。その可能性もある。

あるいはドイツでもこの育成法がやがて、もしかしたらすでに、ワールドカップでの停滞と結ばれるかもしれない。子どもは、のびのびと育てるのが正しい。わたしも二者択一なら同感です。だが、もしかしたら間違っているかもしれない。日本の場合は「型」にはめたほうが、結果として、選手は自由性を獲得できるかもしれない。と、いうように思考をめぐらせていくのです。

ここで「型にはめる論」について考えましょう。スポーツの長き主題のひとつでもあります。ラグビーの、あるプレーを例に話を進めます。テーマは、「子ども、とくに小学生に、オーバーは必要なのか」。ボールを持った者が地面に倒れる。そこで相手をオーバー、つまり押して乗り越え、ボールを確保する。単調で創造性とはひとまず縁の薄いプレーです。これを小学生にどのくらい仕込むべきか。よく議論になります。教え込むと試合に勝てるのです。

わたしも小学生を指導するコーチに「これはいいことなんでしょうか」となんどか質問されました。それよりも楽しくパスをつなぎ、自由に駆け回り、工夫して相手を抜くようなプレーに徹したほうが、まあ「子どもらしいのではないか」と。

個人的に中学生からしか指導経験はないので、正直、わからなかった。コーチの仲間に聞いて回りました。やがて得た結論は、ひとつ。「よいコーチが指導するなら教えても教えなくてもかまわない」です。

優れた指導者が「勝つためにオーバーをする」と決めても、ひどいことにはなりません。なぜなら、そのコーチがよい人だからです。よい人は、ひとりひとりの子どもの尊厳を大切にして愛情と情熱を絶やさずにグラウンドに立つ。子どもは慕う。しかも勝つ。感激は人間を伸ばす。心が大きく動くので。

オーバーを教えられた小学生が上のカテゴリーに進んで、もっと言い切れば、やがて成人して中年になって、型にはまった退屈な人間になるのか。そんなことはありません。ライティングならぬコーチング論になって申し訳ありません。ただ、これもまた「際」を想像することです。書くに際しても忘れてはならない視点とも関係します。すなわち「どちらが正しいか」に、さして意味はない。「どうあるべきか」ではなく「どうすべきか」を重く見る。よきコーチングをする。ここが大切なのです。

いちばん強いチームがひと目でわかる

小学生のサッカー大会でも同じことを感じました。親戚の子どもが出場すると教えられて、たまたま近くにいたので観戦しました。

たくさんのチームがひしめいたけれど、最強はここだと、すぐにわかりました。自分のチームが練習や試合をしないとき、だれもが手でボールを持って待機する。他はどこも、おのおのがボールを足で扱いながら動く。強いところはピシッとしているんです。そのほうがまわりに迷惑もかけないし、移動もスムーズで、なにより他のチームの試合の観戦に集中できる。親戚に「あそこが最強では？」と聞くと当たっていました。

サッカーは蹴るスポーツなのだから、なにもボールを手で持たず、子どもの自由にさせるべきだ。一理ある。されど、ボールを手に持って歩かせたから人格を軽んじ、型にはめたことにもならない。一生そうしろというわけではないのですから。

個人の価値観をいかにとらえて書くか

試合と練習以外ではボールを手に持て。こうしたオキテは小さな単位の集団にはあってよい。たとえばニューヨーク・ヤンキースは所属選手にワイルドなヒゲを認めないとしましょう。ここまでは好き嫌いはあっても認められる。しかし、メジャーリーグの選手全員に上部機関が強制したら感じがよくない。いや間違いです。

ヘアスタイルもしかり。早稲田大学ラグビー部の金髪禁止はありうる。ただし日本代表が一律にそうするのはよくない。

なぜなら日本代表は、まさに、日本列島のラグビー人やその営みのすべての代表だからです。あらゆる価値観を認めなくてはいけない。茶髪にしたい。染めるのは好きでない。すべて、みずから決めればよい。

サッカーの岡田武史さんにこんな話を聞きました。最初の代表監督時代、チームのマッサージを受けるとき、携帯電話の使用を禁止にした。なぜですか。選手の一部が聞いてくる。岡田さんの答えは「俺がいやだから」。

これは正しい。日本代表であっても、ヘアスタイルのような容姿についてではなく、たとえばロッカールームの内側での態度に関しては、監督がルールを定めてもよいのです。「俺がいやだ」は正しい。

この主題のコラムを一部引用します。

うまく言えない。うまく言えないことを、うまく書くのが仕事とは分かっているつもりだが、あの10代のころに感じた違和感をどう表現すべきなのか。

「これがオトナの世界というものか」。あえて言葉にするなら、そんな感じか。

大洋ホエールズのジョン・シピンが、読売ジャイアンツへ移籍した。すると容ぼうが変わっていた。「ライオン丸」と呼ばれたボーボーのヒゲと長髪がない。

（中略）

本稿執筆時点では未確定ながら、どうやら北海道日本ハムの小笠原道大は、かつてシピンのヒゲをないものとした球団に移るらしい。

早速ヒゲ問題は語られた。80歳、巨人の渡辺恒雄会長は「好きなようにしたらいい。時代が違うよ」と新聞記者にコメントした。

一瞬、「背に腹は代えられない」という言い回しが頭をよぎったのは意地悪かもしれない。ともかく「球界の紳士」を自負するらしい球団の規範において「ヒゲ」は認められた。

それはそれでいい。気になるのは「ヒゲ容認」が全選手に適用されるかだ。本件の核心はその一点にある。

ニューヨーク・ヤンキースにも選手の身だしなみの規範はある。それは等しく全構成員に当てはめられる。昨年のオフ、ボストン・レッドソックスから移籍のジョニー・デイモンも「原始人」の愛称で親しまれた長髪を切り、ヒゲもそり落として、半分の人を悲しませ、半分の人を安心させた。

（中略）

人間の本質は自由だ。

髪を伸ばしたい者は伸ばすべきだ。ヒゲがないと泣きたくなるなら、じゃんじゃん伸ばせばよい。

しかし、強制でなく、自分の意志で選んだスポーツのチーム（クラブ）において、つまり全人生に比べるなら限られた時間と空間にあって「ヒゲそるべし」はありうる。

それはコーチに与えられた「指導の権限の一部」である。負ければ、そのことも含めて責任を取る。「ヒゲがボーボーだと勝てない気がする」と考えたらヒゲは落とさせる。その場合に「ヒゲなんてどうでもいいことだから」を理由にしては失敗する。そうでなくて「その人間にとっては大切なこと」と深く理解して、「でも私は認めない」と宣言するのだ。

なぜヒゲがいけない？

選手が聞いてくる。

答えは決まっている。

「私が嫌だから」。あるいは「これはヤンキースの伝統なのだ」。それでいい。そして、だからこそ例外を認めては前提が崩れる。

巨人のみなさん、さあ解禁だ。ヒゲを伸ばしても構わない。それだけで小笠原のように打てるようにはならないけれど。

（東京新聞・中日新聞夕刊　２００６年11月21日『スポーツが呼んでいる』）

不運を受け入れる

苛立つ書き手は読者を幸せにしない

自分で動かせないことは気にしない。アスリートの心構えは、そっくりスポーツライターにも当てはまります。仮によくない場所の記者席しか割り当てられなかった。憤ってもおそらく結論は動かない。ならば、ひどい席に当たった事実をユーモラスに書けばよいのです。柱がじゃまで記念すべき本塁打の行方を追えなかったとか。そのくらいの心構えでちょうどよい。

スポーツを書く。そんなものなのです。いつもいつも一介のライターに快適な席が用意されるとは限らない。読者は楽しむために記事を読むのに、書く側がカリカリしたのでは申し訳ない。けっこうケンカ腰になる記者やライターは少なくない。わたしも昔は融通の利かない警備に苛立った経験があります。猛省しております。「ああ、この席か。ここはここでよし」と思う。スポーツライティングはそういうものですから。やはり「これはこれでおもしろいじゃないか」なのです。

試合会場に入れないハプニングさえも…

２０１５年のチャンピオンズリーグ決勝の取材がそうでした。初めての編集者に原稿を頼まれて開催地のベルリンを訪れました。広告代理店の社員も含めて大人数のクルーです。ひとり明らかに才能のある写真家がいました。小浪次郎さん。声をかけてくれた編集者がまったくすばらしい人間で「藤島大と小浪次郎を組ませるのが夢だった」と。泣けてきます。感謝しかありません。1週間近くの滞在。旧東ドイツ地区の小さなビール酒場に通い、なんどか小浪さんと飲みました。スマートフォンを手にしゃっと変な角度から写真を撮る。

決勝当日。ところが、なんらかのトラブルでわたしは入場できなくなった。非公式の筋からでもチケットを手に入れてくれると言うのですが、ジャーナリズムに籍のある立場なので丁重に断りました。本当のところでは「これはこれでおもしろいじゃないか」とときめいたのです。

どうしたか。もちろん、例の旧東ドイツ地区のもはや行きつけの酒場まで歩き、テレビ観戦でごった返す空間を味わいました。ひとり日本人留学生らしい若者がいて、こんなにシブイ酒場を君は知っているのか、と旅人のくせに頼もしく思い、声をかけるのは野暮だと背中を見つめました。彼はいまなにをしているのでしょうか。なんて、こんなこともスポーツライティングの一部なのです。

ベルリンの壁について個人的研究を積んできたので、そこにいるだけで満たされました。１９７４年のワールドカップで東ドイツが開催国の西ドイツに勝っちゃった。その歴史も含め興味がある。「壁」ばかりを書いたルポになってしまった。

「観察」と「沈黙」が場面を永遠にする

ずいぶん前、大阪のバーで阪神が優勝した瞬間にいわば遭遇しました。新聞のコラムに書いたのですが、あの原稿、好きなんです。

装甲車。水質検査。入院。

以上の言葉を用いて野球を題材に作文をしなさい。

なんて、なんだかスポーツ新聞の入社試験のようだけれど、大阪の夜、この順番で野球談義が始まった。

9月29日。東心斎橋。

個人的に好きでたまらぬ立ち飲み酒場の短いカウンターでの出来事である。神戸での取材の帰りに迷わずここを目指した。

ワインにウイスキー、各種焼酎、目配りのきいたラインアップは、きわめて良心的な価格で供される。「あて（つまみ）」がまたよい。大阪で最高のスパゲティサラダが200円。揚げたニンニクのチップもたまらない牛肉たたきは250円。おかしなことばかりの日本列島における小さな奇跡だ。

アルコールを静かに楽しみたい者が集う。もちろんテレビなんか置いてない。阪神タイガース、あと少しでセ・リーグ制覇の時間、それでも野球の「や」の字もない。ないはずだった。

　ところがタイガースは、いきなり入り込んできた。道を隔てた大型の居酒屋から「あと一人」コールが聞こえてくる。カウンターの隣の背の高い紳士が言う。「ふふ。決まりですか」。若く無口なはずの主人は「戎橋、大変や。なんでも警察の装甲車みたいなの出てるらしい。川に絶対に飛び込ませないようにと」。紳士。「あそこら、水が汚いでしょう」。主人。「水質検査の結果、ひどかったそうです」。紳士。「2年前に飛び込んで、まだ入院中の人間もいるのだとか」

　そのうち居酒屋のコールが「あと一球」に変わった。

歓声。沈黙。

紳士のつぶやき。「これ、ファウルやね」。ついで大歓声。「いまのは低い外野フライ」。そのうち例の応援歌がとどろいた。

　そして異変は生じた。

　あの落ち着いた主人が意を決して切り出したのだ。

「申し訳ありません。少しだけラジオを」

悲しげなブルースの旋律は消え、岡田彰布監督のうれしいのに寂しそうな声のインタビューが始まる。

　酒場の紳士が言った。

「この人、2軍監督でも案外に勝ってる」

主人がうなずく。

「あれでシンは強い」

心なしか早口になっている。好きだったんだ。野球が。いやタイガースが。

目はひょっとしてワインのロゼ色かな。こちらアイルランドの黒ビールをおかわりしたいけれどスポーツライターの礼儀として待つ。

そこへ新しい客が入ってくる。どうやらレギュラー（常連）らしい。「子供が叫んでます。阪神、優勝って」

主人の返事がよかった。

「叫ぶでしょう。子供」

巨人、死して、トラ、ほえる。以下、紳士の本音。

「ま、巨人戦で優勝、うまく運びましたな」

帰り際、気がついた。ワイン用冷蔵庫の横側にタイガースの帽子をかぶった人物のイラストがはってある。誰だ。暗くて見えない。見えないように顔の半分は酒の棚に隠れている。

ヌードで道頓堀へジャンプしたい若者よ。本物の愛とはこういうふうに表現するのだよ。

阪神に追いすがった球団の支持者は大阪発の報告を許してほしい。
来年のいまごろは名古屋のどこかで「その時」を待てればとも思う。

（東京新聞・中日新聞夕刊 ２００５年10月4日『スポーツが呼んでいる』）

この人たちに話しかけたら、つまらない。言葉をかわさないのでシーンは不滅のまま記憶される。結果として大阪における阪神タイガースの存在が浮かぶ。

大阪にも品のいいサラリーマンはいるんですよ。あのときの紳士は、会話の盗み聞きでは老舗の百貨店勤務だったはずです。「いまのファウルやね」。いいですよね。こういう言葉を聞くために、この仕事はあるのです。

読者を旅させる

サロメチールの匂う原稿

バックヤードやバックスペース、控室やロッカールーム、そこへ読者を連れていく文章を書く。読者を旅させる。そこにいるような感じにさせる。スポーツライティングの務めです。

いまも昔も、サッカーやラグビーは制約があってロッカールームに取材者はなかなか入れません。ボクシングは試合後に少しだけ入れてもらえるんです。

わたしは学生のときに一般紙の運動面やスポーツ新聞の記事に不満がありました。いくら読んでも、選手がどんなふうに汗をかいているのかわからない。ユニフォームにどんな感じで土がついているか。ボクシングならワセリンの匂い、本当はサロメチールの匂いがしないんです。

ワセリンは実際には無臭らしい。いつかボクシング関係者に「匂わないよ」とやんわり諭されて、原稿に使うのはやめました。ちなみにワセリンならぬサロメチールは「臭い」でなく「匂い」ですね。よきイメージです。

原稿からサロメチールの匂いがしてこない。まだスポーツ記者志望ではなかったけれど、それが不満でした。映画が好きなので、冒頭のシーンでそこへ連れていってくれるような映像、文章なら書き出しが好きなのです。『Number』のコラムでそれについて触れました。

1980年の春。ポスターを見た。東京のあのころは保谷市、西武新宿線の東伏見駅。江夏豊が左手のひとさし指をピンと立てていた。肩口は裸。本誌創刊の広告だった。
最初に購入したナンバーのナンバーは17。忘れない。自分が載ったからである。いま「載った」と書いて、まあ、これはウソ。本当は「写っていた」が正しい。

（中略）

短編の野球小説が掲載されていた。米国のウィリアム・P・フォックスの『待ちわびた一球』（村上博基訳）。最後に読み返したのはベルリンの壁があったころかもしれない。内容はおぼろげ。ただ「自分が好きだった」感覚は消えない。古い紙の指の感触とともにあらためてページを繰ると、こんなストーリーだ。
ペンキ職人のリーロイ・ジェフコートは、足場から落ちた41歳の誕生日に塗料会社の作業衣を燃やして、野球のユニフォーム2着にスパイク2足、二塁手用グラヴとボール8個とバット2本を買った。街の酔いどれチームである「コロンビア・グリーン・ウェーヴ」に入団。「一年三百六十五日、リーロイはユニフォームを着ていた」。なにしろ2セットを揃えている。「毎日毎晩」雑貨ストア兼酒場の表で「だれかに」頼んで「電線を越すフライ」をノックしてもらう。地元紙の「スポーツ欄の上に、二時間ぶっつづけでかがみこんでいる」。記録の間違いを発見するや「電話か投書だ」。そしてサウスカロライナ州立刑務所チームとの試合に出場……。

なんて、あらすじを記すうちに無意識が土中から外気に突き出るみたいに意識に変わった。

そうなのだ。私鉄沿線駅前広場の小さな書店でレジに差し出した一冊は現在の仕事に関係しているのだ。あの小説のユーモアの気配や「スパイクの音がきこえ、歩道に火花がとぶ」という表現に心のどこかを奪われて、いまのいまもそんなふうにキーボードを叩きたいのだ。

リーロイの偏執的情熱には劣るものの東京のラグビー部員も新聞の運動面を寮の食堂で熟読するのを日課とした。試合経過やコメントばかりで「ピッチャーの汗のかき具合やロッカールームの匂いがしない」のが不満だった。歳月を経て、はっきりとわかる。そこが物足りなかった。『ナンバー17』がこの世にあってよかった。

（Sports Graphic Number 1000号『BEYOND THE GAME』）

新鮮な気持ちでいることが視聴者を旅に連れ出す

2022年にエディ・バトラーが亡くなりました。ラグビーの元ウェールズ代表キャプテン。BBCの実況解説で知られ、ガーディアンなどの新聞のコラムも書いた人物です。仕事の要諦について、ためになる言葉を残している。詳しくは次の第4章にゆずります。

バトラーの訃報に際してＢＢＣウェールズの同僚がこう評しました。

「エディの最も優れた資質はスポーツの偉大な瞬間の意味や感情を偽りなくとらえ、理解して、見事なウィットで視聴者を旅に連れ出すところだ」

ついでにスポーツジャーナリストのグラハム・トーマスのコメントがまたよい。

「彼は昔のトライの映像を愛するように古い映画や小説を好んだ。多岐にわたる個性の持ち主だった。意識や関心が常にラグビーの外にあるため、シーズンがめぐり、週末の試合が始まるたびに、新鮮な気持ちで向き合うことができた」

いいこと書くなあ。わたしもラグビーの解説をするので、視聴者をどこかに連れていきたい。それも毎シーズン、新鮮な気持ちで。

わたしは、幼少から、ひとつのことに夢中になる。エディ・バトラーの訃報にものめり込んで何十本も追悼記事を読みました。クタクタになりますが、それにより細胞に染み入って、もう忘れません。

お客さんになるな

中立とは

日本代表を「我々」「わたしたち」と書くのはスポーツライターとして間違っている。ここはチームの専属ライターと異なるところです。やはり「日本」「日本代表」と記すべきだ。古い記憶なので出典に当たれませんでしたが、昔、英国の公共放送であるBBCは「英国代表を『我々』と呼ばない。イングランドならイングランド、スコットランドならスコットランドと表現する」とどこかで読んだ。「ジャーナリストはお客さんになるな」ですね。

わたしの身近では昨今、乱れている気もします。「お客さんになるな」があやしくなっている。サッカーの実況。2022年のワールドカップのコスタリカ対ドイツ。日本が上位へ進むために「ドイツに負けてほしい」という気持ちがにじむ。にじむところまではよい。でも口にしたらいけない。

もちろん氷のごとく冷静に、という意味ではありません。やせがまんでそんな姿勢を保とうと奮闘することが大切なのです。そうであっても自国びいきは、聴く人、読む人に伝わります。わたしも解説席でラグビーの日本代表がチャンスを迎えたら声は大きくなる。「おー」と小さく叫ぶのもしばしばです。

冷静な人が少し興奮してちょうどよい

ファンの気持ちで「勝て」と叫ぶのはジャーナリズムの職域にはない。応援は仕事ではない。そのくらいの「カセ」があったほうが原稿は引き締まる。どのみち内心の興奮や高揚は文章に反映されるのですから。

スコットランド出身でＢＢＣの「ラグビーの声＝ボイス・オブ・ラグビー」と親しまれた伝説の実況者、ビル・マクラレンは、たとえばどうしていたのか。自身も若き日にはスコットランドの有望な選手でした。母国の勝利を願う本心をいかに処理したか。正解は「対戦国のよいプレーを称える」です。

沈着冷静な人が少し興奮するのがほどよい。むしろ感激は伝わる。「ニッポン、ニッポン」の繰り返し。それはファンの楽しみです。

さてスポーツ実況における古くて新しい命題に「母国の選手にどこまで肩入れするか」がある。

かつて英国に「テニスの声」と称された名実況者がいた。ダン・マスケル。ＢＢＣ放送の中継を40年以上も担った。'92年に84歳で没、前年まで現役だった。冷静で上品。大声を出したのは、選手にサインを求める女性がハイヒールのままウインブルドンの芝に侵入したときくらいだ。

そのマスケルが国別対抗のデビスカップにまつわり語っている。

「生身の人間なので、愛国心が燃え盛り、血が頭に上ることもある。（略）中立を保つべきだとは思わない。そうすれば、ウソになってしまう」（『テニスに愛をこめて』ロナルド・アトキン編著、ベースボール・マガジン社）

知識が豊かで沈着な人が興奮すると、ちょうどよい熱が伝わる。

やはりBBCの誇った「ラグビーの声」のビル・マクラレンはスコットランドを愛していた。しかし公正でなくてはならない。

「私にはポリシーがあった。どんなときでも他チームのよい点を見ることである」（自伝『My Auto biography』）

スコットランド人のマクラレンが宿敵イングランドのタックルを称える。瞬間、視聴者の感情はスポーツの喜びに溶ける。

（Sports Graphic Number 1026号『BEYOND THE GAME』）

もうひとつ、日本のスポーツ史に残る名実況をテーマにしたコラムを。

山の日は、ガンバレの日だった。2年後から8月11日を「山の日」と定める祝日法改正案が先週金曜の参院本会議で可決された。その日付が「実はガンバレの日でもある」とテレビのニュースで初めて知った。

他人様から「頑張れ」なんて言われたくねえや、なんて落語の口調になる者はそれはそれで正しい。でも由来は違う。78年前の8月11日、ドイツの放送席にて、世にも有名な「前畑、頑張れ」が繰り返された。それを記念する1日らしい。

ナチス政権下でのベルリン五輪、競泳女子200メートル平泳ぎ決勝。和歌山の豆腐店の娘、前畑秀子は、地元ドイツのマルタ・ゲネンゲルと激しく競り合った。

日本放送協会の河西三省アナウンサーの実況は、祈りと歓喜を「頑張れ。頑張れ」と「勝った。勝った」に集約させて老若男女を酔わせた。語り出しはこうだった。

「故国日本の皆様、昨日の雨はすっかり晴れ上がりました。ベルリンの午後三時、プールからの放送であります」(『「文芸春秋」にみるスポーツ昭和史』より)

（中略）

河西アナウンサーの実況は一部で「タイムを伝えていない。他の選手の情報があまりにも少ない」との批判にさらされた。それでも時代を超えて「前畑、頑張れ」が愛されるのは興奮にウソがないからだ。後輩の名アナウンサー、和田信賢の評伝『そうそう　そうなんだよ』(山川静夫著)には、若き河西が野球スコアを放送文章に起こし、連日、深夜3時の林の中で練習する逸話が紹介されている。

正統な技術を有する者が心の叫びに従い常識を破った。だから永遠の記憶となった。

（東京新聞・中日新聞夕刊　２０１４年5月27日『スポーツが呼んでいる』）

母校・母国もちょっと突き放す

わたしは早稲田大学ラグビー部の出身でコーチもした。でも記者や解説者として、仮に早明戦や早慶戦を報じるとき、そんなに母校に肩入れしません。意識しているというより自然な感覚です。負けてしまえ、とは思わない。心のけっこうなスペースに勝てばよいのにな、の感情は横たわっている。でも、そこまでです。

日本代表、ジャパン戦も同じです。「勝ってくれ」と思っているけれど胸の途中のあたりで止まる。自然にそうなるんです。しかし、あとで録画を確かめたり、読み返せば、やはり勝利に興奮はしている。応援の気持ちは隠せない。そのくらいでちょうどよい。めざすべきは「冷静な人の興奮」なのです。こうも表せる。「浮かれない人のときめき」。

サッカー愛が伝わる中村俊輔の解説

２０２２年サッカーワールドカップの中継で解説者としての中村俊輔がひいきになりました。変な表現でしょうか、この人は「日本よりもサッカーが好き」。それが自然に伝わってくる。だからこそ日本の勝利を喜ぶと、本当にうれしいとわかる。

先ほどのビル・マクラレンのモットーにも重なりますが、日本の対戦国のよいプレーにきちっと反応する。これは性格なのでしょうね、解説で自分を輝かせようと一切しない。その必要を感じていない。ただサッカーが心から好きなのです。

デンマーク対チュニジアで、岡田（武史）さんとコンビを組んだ。おもしろかった。岡田さんが中村俊輔、こちらにも「さん」をつけるべきですね、でも、なんとなく呼び捨てで俊輔に聞くんです。「コーナーキックを蹴るとき、最初から頭に合わせるの？　それとも、ここに入ってこいっていうところにいくの？」。「最初は頭に。途中から自分のいきたいところに蹴ります」。たとえばそんな「会話」が視聴者には、少なくとも、わたしにはおもしろい。

本田圭佑の解説はひとり端末で楽しむ

いっぽうで「解説者・本田圭佑」は日本代表が好きですね。率直で正直。クールを装って、そうでもない。あの解説は、パーソナルな空間、たとえば、ひとり寝転がりながら端末で楽しむのにふさわしい。あんなに有名な人物と一対一で結ばれている感じがする。これから求められるひとつのあり方かもしれません。わたしの感覚では、友人が集まってのテレビ観戦、スポーツ酒場での観戦には、そこにすでに熱や応援の意志が充満しているので「引き気味」の解説が合う。

すみません、解説者評論家なもので。

中村俊輔の低い声のボソッとした口調も好みです。スポーツ中継や報道は明るくないといけないという風潮、個人的には好きではない。試合そのものが明るさを決めるはずなのですから。光るものに熱を当てると焦げちゃう。

＊1　賀川浩（かがわ・ひろし）　ワールドカップ10大会の取材実績を持つ、日本を代表するサッカージャーナリスト。1924年、兵庫県出身。神戸大、大阪サッカークラブなどでプレーし、2度の全日本選手権準優勝などに貢献。52年、産経新聞社に入社。サンケイスポーツ（大阪）の編集局長を務めた。サッカーばかりでなく、プロ野球の阪神担当記者を2倍に増やした逸話を持つ。

＊2　川本泰三（かわもと・たいぞう）　元サッカー選手。1914年、愛知県出身。際立つシュートセンスで、戦前、戦後の日本サッカーを支えたストライカー。早稲田大学在学中の36年、ベルリン五輪に出場。スウェーデン戦で日本人初となるオリンピックでのゴールを記録。引退後は日本代表監督、大阪サッカー協会会長、関西サッカー協会会長を歴任。85年、死去。

＊3　工藤孝一（くどう・こういち）　サッカー指導者。1909年、岩手県出身。早稲田大学で選手からマネージャーに転身し、指導の道へ。卒業後は同盟通信社などに勤める傍ら、母校の監督に就任。42年には日本代表監督も務めた。その後、再び早稲田の監督に復帰すると、釜本邦茂をはじめ多くの名選手を育てた。71年、死去。葬儀は母校のグラウンドで行われた。

＊4　井村雅代（いむら・まさよ）　アーティスティックスイミング指導者。1950年、大阪府出身。みずからも選手として活躍し、2度の日本選手権優勝を果たす。指導者に転身後は、84年のロサンゼルス五輪から9大会連続でメダルを獲得。高い指導力を評価され、北京五輪とロンドン五輪では中国代表を率いた。著書に『愛があるなら叱りなさい』『教える力』など。

＊5　山田重雄（やまだ・しげお）　バレーボール指導者。1931年、静岡県出身。日立武蔵（現・日立Astemoリヴァーレ）を日本リーグ（現・Vリーグ）で18度の優勝に導く。女子の全日本監督も務め、メキシコ五輪で銀メダル、モントリオール五輪で金メダル、ロス五輪で銅メダルを獲得。晩年は醜聞が明るみに出たものの、戦略と研究を徹底したチームづくりは、現代バレーの礎ともなった。98年、死去。2006年にはバレーボール殿堂入りを果たした。

＊6　三原脩（みはら・おさむ）　プロ野球監督。1911年、香川県出身。戦前は大日本東京野球倶楽部（現・巨人）に契約選手第1号として入団。

引退後は巨人、西鉄、大洋、近鉄、ヤクルトの５球団で監督を歴任。西鉄時代の３年連続の日本一、前年最下位だった大洋を就任１年目で日本シリーズ制覇へと導いた功績はいまも語り継がれる。勝負の勘所を外さない手腕は「魔術師」と称された。83年に野球殿堂入り。その翌年に死去。

第4章

文章スキルと言葉への意識

批評・コラム・ゲームリポート

「よい文章」とは

無神経に書いてはならない

わたしは「うまい文章」がよい文章だと思っています。当たり前のようでそうでもない。むしろ少数派かもしれない。新聞社では、「あいつはうまいだけだよ」なんて評価もよくあります。「あいつは手先で書くよ」と。でもプロは洗練された手先で書くのです。

きれいな文章は「わかりやすさ」とぶつかることがある。きれいな文章は必ずしも電化製品の「取扱説明書」には適さない。そういうことです。

試合のリポート。あまり凝るとわかりづらくなる。きれいで美しくても100年後の読者が「そこでなにが起きたか」を理解できなければ報道ではない。ここはその通り。

しかしプロである以上、ひとつの原稿に同じ言葉が繰り返し登場するのは避けたい。取扱説明書と違うところです。

たとえば、「ジーコが…」「ジーコが…」「ジーコが…」と、さして長くない記事にひとつの固有名詞が3回繰り返される。わたしはそうしたくない。ただし、これもまた本当の話ですが、大半の読者はそんなこと気にしない。スーッと読んでしまう。ジーコ・ジーコ・ジーコのほうが滑らかに読み進める。「ジーコ監督が」「この52歳のブラジル人が」「かつてのフラメンゴとアントラーズの英雄が」と書き分けるよりも、引っかからずに頭に入る。だから、それでよいのだ、という立場もあります。

ジーコ・ジーコ・ジーコ派のライターの文章は読みやすい。たぶん書くのも速い。分厚い本を量産できる。速く書かれた文章は不思議と読むのに時間がかからない。いささか批判のようですが違います。それはそれでプロの仕事なのです。ただ、わたしの考えるプロは「反ジーコ・ジーコ・ジーコ」。ここは個人の美学に属するのです。カギカッコのあとに「言った」を用いると、次は「話した」に、その次は「述べた」と変えたくなる。理由は、そこに気を配ってこそプロという自意識です。

ところが小説家のスティーヴン・キング（＊1）の文章論は説く。カギカッコのあとは「と言った」が無難なのだと。たとえば「と凄んだ」や「と吐き捨てた」とするな。文体が「上出来」なら「彼は言った」で、その話しぶりが「早口か、訥弁か、嬉しげか、悲しげか、きちんと伝わっているのではないだろうか」（『小説作法』）。

そして決定的な一言。

「悪文のほとんどは不安に根を発している」「文章の極意は、不安と気取りを捨てることである」（同）。わかる気がします。

ジーコ・ジーコ・ジーコを避けるのも「不安と気取り」のせいかもしれない。しかし長編小説とは異なり、やはり新聞や雑誌の限られたスペースの文章における繰り返しはどうしても避けたい。ことにコラムでは「気取り」も義務ではあるまいか、と、どうしても考えてしまうのです。義務としながら、まあ趣味。黒いシャツより赤いシャツのほうが好き。それに近い気もします。そのうえで「悪文は不安に根を発する」は噛みしめたい言葉ですね。

取扱説明書は凝って書かれても困る。「コンセント」が１００回出てきても問題ありません。スポーツライティングでもそのことを求められる場合はありえます。統括機関の幹部が不正を働いた。その一報を伝えるなら、たとえば「ＦＩＦＡ・ＦＩＦＡ・ＦＩＦＡ」で押す。いちいち「このチューリッヒに本拠を構える伏魔殿は」と言い換えるとまどろこしい。

結論。同じ言葉の繰り返しを避けたいのは「無神経に書くこと」への戒めです。神経を張りめぐらせて書く人ならジーコ・ジーコ・ジーコでもよいわけです。

海外名記者の「言い換えのストック」

英語やフランス語の新聞や雑誌のライターは「言い換え」をストックしている。「マンチェスター・ユナイテッド」と書いたら、次は監督の名を引いて「その男たち」としたり、あるいは「フランチャイズ」という単語を用いて「マンチェスターをフランチャイズとする」「北イングランドがフランチャイズのこのクラブは」といった具合に。

２０２２年のサッカーのワールドカップの記事もしかり。いっぺんジャパンを登場させると次は「Moriyasu's side（森保のチーム）」や「アジアからやってきた」や「東アジアの代表」と表記する。「サムライブルー」と英語圏では不評の愛称まで倉庫から運び出されました。

うまい文章の型

わたしがスポーツ新聞の記者のころは共同通信の記事の前文、いわゆるリードが上手でした。「第○回○○国体は○日に開幕し、各会場で○日まで行われ…」という形式の原稿です。わたしは、この前文を文章のトレーニングに用いました。国体のような競技会の全貌を読者に示すのに同じ言葉をなるべく使わず、きれいに書くのは、とても簡単ではありません。「行われる」をいっぺんしかしか使わぬためにはどうするのか。オリンピックもそうですが総合大会には伝えるべき情報がたくさんあります。反ジーコ・ジーコ・ジーコの敵なのです。

後輩の新人記者にも「通信社の前文を書き写せ」とコーチ気取りで話しました。

「日本、フィリピン、インドネシアが共催するバスケットボール男子ワールドカップ（W杯）は2日、沖縄県沖縄市の沖縄アリーナなどで行われ、順位決定リーグのO組最終戦で世界ランキング36位の日本は同64位のカボベルデに80－71で勝ち、アジア最上位で来年のパリ五輪出場権獲得を決めた。自力での五輪出場は1976年モントリオール大会以来となる。日本は今大会の通算成績を3勝2敗とし、順位決定リーグのO組1位でアジア最上位となった。W杯で日本の2連勝と同一大会での3勝は初めて」

これ簡単そうで、それこそスーッと読めて、書くのはなかなか大変なのです。過不足なく情報を伝える。１００年後の読者にもなにが起きたかわかる。こういう形式をトレーニングで書き写すと、うまい文章の根幹となる新聞記事の作法が身につくんです。

いまはインターネットで類語辞典をすぐ引けるのが助かる。対義語と合わせて頻繁に利用します。類語のない言葉を自分で発想するのも楽しい。

どんな文章を書きたいのかを知る

あらためて「同じ言葉…」問題の前提は自意識です。そもそも自分がどんな文章を書きたいのか。そのことをはっきりとわかっていなければいけない。同じ言葉を避けるのも、あくまでもスタイルのひとつなのです。

「おもしろく書いて読者を喜ばせたい」
「鋭い分析のリポートを書きたい」
「選手と関係性を築いて独自のエピソードを独占したい」

それぞれの立場がある。みずから選んだスタイルがある。同じ言葉をなるだけ使いたくないのは、わたしの意志なのです。

戒めたい固有名詞の泣き別れ

わたしは「ナキワカレをなるだけ避けたい連合」という秘密結社の理事です。嘘ですけど。泣き別れ。「田中」という固有名詞を書くのに、「田」と「中」で行が別れる。これを避けたい。スポーツ新聞の記者時代が原点です。当時、竹中労（＊2）という硬骨にして軟派でもあるおそろしい名文ルポライターが存命でした。なにかの媒体に「固有名詞が泣き別れるのはおかしい」という内容を書いていた。瞬時に「そういえばそうだ」と感じた。ああいう感覚は不思議ですね。それまで意識してこなかったのに、本当に瞬時に同感する。以後、いまも徹底、と述べたいところですが、なるだけ、そうしていますね。

新聞や雑誌は印刷前にゲラをチェックできる。自分の記事にナキワカレがあればある程度は直せます。竹中労いわく「読点を打ったり、打たなかったりするだけで収まる」。スポニチでも試みましたが、新聞はことによると一行10文字程度なので、修正できない例もありました。ひらがなやカタカナが別れるのは気になりませんが、漢字、仮に「酒場」が「酒」と「場」で別の行に収まるのはよしとしたくない。まして人名は。一行19文字というようにあらかじめレイアウトが決まっていれば、ナキワカレなしは可能です。しかし、新聞の用字・用語ルールで漢字がひらかれたり、句読点を半角とするか全角とするかで、必ずしも「完璧」にはいきません。そこは辛抱です。

レイアウトの一行19字が急に20字となるだけでナキワカレだらけになります。ないように意識している分、ひとつの文字数ですべてが乱れる。気にしないで書いた場合より見映えが悪くなる。このあたりはスポーツのチームづくりに似ている気もします。きれいに完全な美を意識するとアクシデントにもろい。少々の乱れ、誤差を気にとめないと、予期せぬ事態にあまり崩れない。ただし、うまく運べば、長く称えられるのは前者というような。

チョンチョンガッコは見栄えがよくない

もう少しだけ個人の美学を。

チョンチョンガッコ（〝〟／正式名称はダブルミニュート）がどうしても好きになれない。というより大嫌いです。

わけはふたつ。ひとつは美学。なんとなく誌面（紙面）が汚くなる感じがする。強調したければ一般的なカギカッコ（「」）で処理する。見た目がきれいです。もうひとつ。こいつに頼ると文章が平面のまま沈む。感覚なのですが。言葉に安易な意味づけ、というか深く考えない強調を施すことで、ベタっとして、立体感がなくなるんです。

日本語の表記では、少なくともスポーツライティングでは、チョンチョンガッコはなくても困りません。わたしも学生時代は無自覚に使っていました。あるとき原稿用紙やノートを見て「うるさいなあ」とハッと気づいた。瞬時の感覚。以降、カギカッコのなかでの会話を示す場合を除けば、みずからはいちども使っていません。昔は勝手に直されて、やむなく引き下がるあやまちもありました。いまも自分の記事の見出しや小見出しに用いられる例はある。こちらは編集者の職域なので干渉しません。

これも美学です。「〝〟」はあの司馬遼太郎も使っている。これを用いて、よき文章を書き、多くの読者に愛される書き手はたくさんいるのです。だから声高には唱えにくい。若き後進や親しい編集者にしか明かしたことはありませんでした。

美学のついでに、スティーヴン・キングには「不安の発露」と切り捨てられそうですが、コメントをカギカッコでくくったあとに「と」ばかりが続くのも避けたい。新聞記事は一行の文字数が少なく全体に短いので「と・と・と」が目ざわりに思えた。雑誌のレイアウトではさほど気にならないんですが。ずいぶん抵抗を試みました。カギカッコのあとを「は」にしてみたり。「こんな勝ち方もあるんですね」は捕手の三上だ。読みづらいといえば読みづらいですね。

「おもしろい」は難しい

わたしにとっての「うまい文章」は「無神経を憎んで」「きれい」であること。ひとまずそこに尽きる。

ここに欠如しているのは、もちろん、おもしろさです。「おもしろい内容」としてもかまいません。当たり前ですけど無視はとてもできません。読者はみな、おもしろい文章を読んで楽しみたいのですから。

視点が鋭く、戦法・戦術、技術の解説も確かなら、すなわち「よいリポート」です。あるいは着想や主人公の選択が独自である。読者の想像を超えている。「内容」はそれでおもしろくなる。なにを書くか。一言ならそれです。あえて、ここまでは「どう書くか」を述べてきました。この本のここまでに欠けている要素です。

コラムは自由に題材を選べる。しかし、リポートは書く対象が決まっている。限られた条件にだれを取り上げ、他者と異なる視点や発想や解釈に至るか。才能の出番です。もしかしたら文章そのものは上手ではないかもしれない。しかし、おもしろいのだから、すなわち、よい文章なのだ。正しい。

そして、文章は端正とは言い難い、神経が行き届いているとも評価できない、それなのにおもしろくておもしろくてたまらない。そんな記事、リポート、コラムを書くのは、強い表現を用いるなら天才なのです。そこには尋常でない努力も含まれます。毎日の記事に読者がまったく想像もできないような心温まるエピソード、あるいは、よくこんなことまでつかんだというスキャンダルを発信できる。その努力は天才の仕業ではないでしょうか。

うまく書く。きれいに書く。こちらを優先して伝えたのは、まさに、こちらは学べるからです。いつか、とある営業職の知人が「僕らの仕事は天才のためにある」と言いました。コツコツとお得意さんを回る印象も強かったので、そのココロはと聞くと「いるんですよ。根っからの営業の天才が。きょうもきちゃいましたー、って得意先を訪ねると、ただちにその場を制圧できる人間が」。わかったようなわからないような。ただ、文章の工夫はなく、むしろ雑な文体で、なお見事なネタを連日投下して読者を喜ばせるライターがいるなら、凄腕営業職とも重なるのではないでしょうか。

落語の「うまさ」と「センス」

センス。便利な表現ですね。うまい文章にはセンスがつきもの。ちょっと、いや、かなりいやらしいですよね。でも確かなのです。

わたしは落語が好きです。落語家を例にすれば、話芸、話術に秀でた者、そうでない者がおります。

過日、近所の酒場に関西の落語家がおりました。会話を聞いて「なるほど」と胸のなかで思いました。酒場の主人が「下ネタはいやですね。最後の逃げですよね」と話しかけた。さすがプロはうなずきません。「違います。下ネタで笑わせるのがいちばん難しい。話芸のない人にはできません」。なるほど。

立川談志（*3）が艶笑の小話をしながら「こういう話で汚くならないの俺くらいだよ」と、よく自慢気でした。スポーツライティングも同じなのです。あの酒場の落語家は「言葉のチョイス」と言った。ズバリの単語を、そうでなしにどう表現するのか。ここはどうしてもセンスなのです。悪口、批判、このときに語彙は問われます。以前、触れた「世の流れに掉さきぬ」姿勢をどう言葉で表わすのか。

「こんなゴールを外すとは失笑ものだ」より「中年のガス会社の経理係が通勤の革靴で蹴っても入りそうな距離」。センスは天性かもしれません。しかし「営業の天才」よりはあとから獲得できる。「教養」と重なるところがあるからです。

「きれい」から山を登る

やはり落語家の橘家文蔵（＊4）のマクラ。カラスと話すおじさんがいる。「いい子、いい子」や「おいで、おいで」とは言わないんです。じーっと見て「そうだったのか」。センスですね。もう「そうだったのか」でないといけない気がする。繰り返しですが、このセンスは落語を聴くと少しくらいは身につけられる。

小室等（＊5）の『一匹のカニ』という曲があります。谷川俊太郎（＊6）の詩を歌った。そこにこうある。

「きみはボルボを買ったんだってね／おれはサンダルを買ったのさ」

これ、ボルボじゃなきゃいけない。ベンツじゃおもしろくないんです。本物の詩人の仕事ですよね。

きれいで、でも、そんなにおもしろくない落語家はいます。ユーモアの感覚はさしてないけれど、江戸の言葉が美しく、活舌も滑らか、その世界へは連れていってくれる。うまいとも重なる。だが、おもしろいとは違う。

文章も同じように定義できると思います。「きれいでおもしろくない」はある。「きれいでないのにおもしろい」もあるかもしれません。ではスポーツライターはどこへ向かうのか。まず「きれい」ではないでしょうか。きれいはうまいに接近します。うまいはおもしろいに近づく。いきなり、おもしろい、の山は高い。

批判のための批判はしない

落語はそこにいる人を否定しません。どんな人間も肯定する。立川談志は「人間の業の肯定」と唱えておりました。亡くなった当時、識者が、あの日本語は本当の意味は違う、と書いた。業は時間軸のつながり、因果応報を意味するそうです。「業」に限らず言葉は調べていくと、たいてい、こういうことがあります。こわいです。

でも、「業の肯定」はわかりやすい。サラリーマンは営業に出たらサボって車のなかで昼寝するんです。それを否定しない。

スポーツもそうでしょう。人間の人間らしい時間にして空間。だから批判のために批判するのはよくない。決定的なシーンでエラーをしたら厳しく書く。しかし、そこに救いがある。あくまでも、ひとつの野球の試合のひとつの瞬間として片づける。ここもセンスといえばセンス。球団の不祥事や統括組織団体の体たらくは批判すべきです。かたやスポーツ選手のエラーなんて、振り返ったら微笑ですみます。

興行のために実力に開きのある者やチームを戦わせるミスマッチについては厳しい目を向ける。「この選手にこの舞台は大きすぎた」とは書いてよい。しかし「こんな弱いやつなんか」と憎んではならない。サッカーでも野球でもラグビーでも選手のしくじりを「こいつのせいで…」と冷たく取り上げるのは酷でないでしょうか。

怒りでさえもきれいな言葉で書く

ＳＮＳでの発信も「きれい」を意識したほうがよい。「きれい」にはフェアネス、公平さも含まれると思いますが、美しく、汚くない言葉を使うのが基本。「異議アリ」と申し立てるときにも、ささくれだたなくなるんです。内容はそのままでよい。「この政治家、許せない」と憤っても、きれいに書く。雑に書くと思考まで雑になりますから。

たとえば国会中継で「あそこにいる半分の政治家は大馬鹿野郎」と腹が立つ。それをそのまま書くと汚い。昔、ウインストン・チャーチル（＊7）が議会の場でこう発言した。「ここにいる半分の人間は馬鹿ではありません」。ユーモア。ちょっと立ち止まるとユーモアに近づく。ケンカをするのは感情ではなく言葉なんです。

２００３年のラグビーワールドカップ。どの試合だったか。主審のアンドレ・ワトソンさんの言葉がよかった。友人が観客席にいて会場で配られたラジオ音声の声を聞いていた。あとで教えてもらいましたが、両チームがつかみ合いのケンカになったときに「君たちがすごいということは、ここにいるみんなが知っているんだ」と温和な声でたしためる。するとギスギスしない。これがもし、「おい、こら。お前」ではエスカレートしてしまう。

「うまい」を読み込む

書くことは読むこと。文章の上達の要諦でしょう。大相撲なら大相撲で、この新聞のこの記者が上手だと思ったら追いかける。できればコンビニエンスストアで新聞を買って読む。わざわざ買いにいく。この自意識も上達に関係してくる。

相撲はわかりやすいんです。土俵、つまりは一定の枠に一対一の勝負がある。体の具体的な動き、心理のあやを含めて、描写の勉強になります。「まわしを取る」を一回しか使わないで、いかに書くのか。うまい記者の記事は本当に参考になりました。

いま思い出すのですが、毎日新聞や朝日新聞の縮刷版を勤務先の書庫でよく読みました。うまい記者が、若いときにどう書いていたのかを知りたくて。文体模写までするかは別として、ひとりの記者を読み続ける。書き方と書き方の前後のその人ならではの思考の流れがなんとなくわかってきます。

大西鐵之祐さんには「剣豪小説の決闘を読め」と言われました。スポーツ記事の描写の参考になると。

名文の条件とは

スポーツライティングをあらためて考えるにあたって、自室の本棚をながめて、ふと目に入ったのが、向井敏（*8）の『文章読本』。スポーツニッポンの記者だったころに買いました。通っていた新宿の酒場の年長の常連にすすめられた。持つべきものは酒場の年寄りの友だち。いまもういっぺん読み返すと、いいんですね。35年ほど前なので内容は忘れていたのですが、自分のどこかに入っている。自分はこうした読書経験で成り立っている、と素直に感じました。
序文の題は「名文の条件」。林達夫（*9）が、友人で哲学者の三木清（*10）の追悼原稿を書いた。それを解説している。林が三木をけなしているのに、どこか温かみがあるんです。向井敏はこう記しています。

繰りかえすが、「三木清の思い出」は悲運の友人を弔う回想記としては異例にきびしい文章である。しかしそれは、当時の知識人のあいだでほとんど神格化されていた三木清の実態を陽《ひ》にさらそうとか、その人間的欠陥をあばく意外な秘話を披露して読者の興を惹《ひ》こうなどといった打算や思惑からははるかに遠く、そうした思惑からくる翳《かげ》りや湿り気やこざかしさや思いあがりとはきれいに縁が切れて、読後の印象は澄んで快い。またと得がたい名文中の名文といわなくてはならない。

「読後の印象は澄んで快い。またと言われぬ名文中の名文…」。本当にそう思います。このすぐあとに、名文の条件がいくつか記されているので引用します。

着眼が新鮮であること。文意が明確であること。展開にとどこおりがないこと。人目を楽しませる彩りに富んでいること。人を動かす力を蔵していること。文章が備えるべき美

徳は数えあげていけばきりもないが、そのすべてに君臨するものがあるとすれば、それは晴朗で快いという徳であろう。

こちらも最後がよい。「晴朗で快い」。暗いのはかまわないけれど湿ってはならない。さりとて、あまりに一本調子の文章は読みたくない。友へのひたすらの礼賛のような。あまりにも恵まれたり優れた人の話は退屈ですよね。「〇〇学園の〇〇教育の成功」みたいな本に興味はひかれません。

コラムの発想

「記憶」を手がかりに書く

新聞や雑誌のコラムをいつ書くのか。締め切りの日です。コラムだから題材は自由に決める。なんというのかアイデアが降ってくるのを待つ。

先日、プロ野球の門田（博光）の訃報に接して、東京新聞・中日新聞のコラムで取り上げたいと思いました。ただ本人に取材した経験がない。無理かなと迷ううちに記憶がよみがえった。ま、降ってきたのです。門田好きのおでん屋の主人がいたなと。

あれは24、25歳くらいで通った高田馬場の屋台。確か第一勧銀（当時）支店の前でした。マスターの顔は忘れたのに雰囲気は忘れない。ひっそりと無口。暗いといえば暗い。いつも文庫本を読んでいる。その人が、小さな音のラジオの野球中継で「指名打者、門田」のアナウンサーの声にときめいた。確かに見ました。その一瞬を。南海ホークスのファンだったんですよね。

この場面をきっかけに書こう。いま、「きっかけ」と。本当は半分の嘘ですね。もうそこだけを書きたい。そのために門田博光を調べたい。

インターネットの検索の旅に出ると『スポルティーバ』に行き着きました。関西のスポーツライターが本人の取材を重ねた文章を連載していた。これがおもしろい。ハッとしたのが次の一言です。

「そこがGやTとの違いや」

晩年は兵庫の静かな土地に孤独に暮らしていた。外を歩いても近所の人のだれにも気づかれない。そこが巨人、阪神と南海の違いだと。巨人、阪神と直接口にしたくないんですよ。ああ悲しみがそこにある。門田博光のすべてがわかるような気がするでしょう。

そのコラムです。

昔、東京の高田馬場駅から遠くない場所におでんの屋台が出た。店主は静かな男性だった。老けてはおらず若くもない。ある夜、文庫の書籍でカントの哲学を読んでいた。

この人は南海ホークスのファンだった。無口なのに、そうとわかったのは小さな音のラジオ中継で「バッターボックスに指名打者の門田」の声が流れたら、わずかに、ときめく顔になったからだ。たぶん１９８５年、あるいはその前後のころだ。

門田博光の突然のような訃報に思い浮かんだ。「わたしは南海のカドタを知っている」。当人への取材の経験はない。しばらくして屋台の記憶にたどり着いた。

享年74。通算５６７本塁打は歴代3位。40歳のシーズン、フェンスの向こうに44本も運んでみせた。

（中略）

スポーツライターの谷上史朗さんの「ホームランに憑《つ》かれた男〜孤高の奇才・門田博光伝」（スポルティーバ連載）に印象に残る言い回しがある。晩年、兵庫の山あいの土地に単身で暮らす本塁打の哲学者は言う。

「そこがGやT（阪神）との違いや」

Gは巨人である。外出をしても、さして気づかれない。そのことを述べている。門田博光は球団名を口にしたくなかった。自分が人気チームにいたなら。誇りのすき間に悔しさがはさまる。それは、それこそは胸のすく強振の源泉だった。

（東京新聞・中日新聞夕刊　2023年2月1日『スポーツが呼んでいる』）

使いたい逸話から逆算で書く

サッカーの香川真司が2023年2月、古巣のセレッソ大阪に復帰した。コラムに書きたい。先ほどの門田博光と同じように記憶を手がかりにしよう。降るのを待つ。というとかっこつけすぎで、本当は香川真司の登場する過去の自分の文章をパソコンから引っ張り出して、なんとか思い出す。

そのうちに香川真司は「勉強が苦手だった」という逸話をどこかで読んだか聞いたことを思い出した。インターネットで調べてみる。「香川　勉強」「受験」「苦手」などの単語を組み合わせて検索、やがて本人のコメントが現れました。

そこに触れたのが次のコラムです。

あの午後、気温15・5度、湿度69％の国立競技場に「突然変異により高等な頭脳を得た水生昆虫」を見た。

２００９年10月25日。Ｊ２のセレッソ大阪の背番号8がベンチから芝の上へ。対横浜ＦＣ。のちに「３５８４」と発表された観衆は香川真司のミズスマシを想起させる無音にして絹のごときドリブルを目撃した。３－０の完勝。明白に突き抜けた才能だった。

記者席にいた。新聞のコラムにここのところを書くだろうとノートに次の瞬間をメモした。

白シャツのセレッソの20番、このとき33歳の西澤明訓が、20歳の香川の突破のサポートに動き出した。しかし直後、その必要ナシと判断、さっさとコースを変えた。

ベテランにそう思わせた若者はすでにピッチの領主だった。丸い球が足元に吸いつけば、もうなんでもできそうだった。

約半年後、香川真司はドイツのボルシア・ドルトムントへ移籍、以来、シンジ・カガワとしてヨーロッパに暮らした。

（中略）

このほどセレッソ大阪に復帰した。2月7日の全体練習合流初日のコメントがよい。「昨

日、大阪に入ったんですけど、ニュースつけたらやっぱり野球が人気だなと」（スポーツニッポン）。長く我が家を留守にした主人がひさしぶりに近所の商店街をのぞいたみたいではないか。

旅人は故郷へ帰るから旅人だ。もちろん本人にすれば、プロである以上、大阪もまたドルトムントやマンチェスターやイスタンブールとひとつながりの働き場かもしれない。されど迎える側は「さあ旅装を解いて」と両手を広げる。それは若葉のころの才能を目撃できた者の権利である。

香川語録で好きなのはこれ。

「オール2でした。定期テストのときは、徹夜で勉強したんだけどなあ」（『AERA with Kids』）中学の成績を語っている。まれに学業をそっくり飛び越える知性は出現する。ボールを正確に止めて蹴る。問題解決能力のすべては一点に注がれた。

ちなみに前記の発言のあとにチャーミングな訂正が。「あ、体育は4（笑）」。5ではなかった。

（Sports Graphic Number 1068号『BEYOND THE GAME』）

文庫は「文庫本」か？「文庫の書籍」か？

前出の門田博光の原稿に「文庫の書籍」と書きました。普通に話すときは「文庫本」でしょう。

書くにあたって迷いました。そもそも「文庫本」という言葉は正しいのか、もしや口語ではあるまいか。やたら時間を費やすのですが、これも「きれいに書く」のうちなのです。サッと文庫本と書かない。「もしかしたら」と考えて立ち止まる。

最終的には、「文庫の書籍でカントの哲学を読んでいた」で落ち着きましたが、正直、わかりづらい。いちどは「文庫の書籍でカントの哲学書を読んでいた」にしようと。ただし、そうすると書籍と哲学書で「書」が重なり、ちょっとうるさいな。きれいじゃないな。と、また時間がかかる。そんなことの繰り返しです。読者のことだけを考えれば「文庫本」で「哲学書」がよいのに。ひとつの文章の接近したところに同じ漢字があるのは好きでない。まして同じ言葉は。自意識ですね。「気取り」かもしれません。でも、そう考えることで全体の文章の調子、それを文体と言うのでしょうか、が決まる気がする。

もちろん、そう唱えながら、不注意のまま出稿することはあります。最近はこれ。

帰る場所はわかりやすいほうがよい。トヨタヴェルブリッツのラグビーもそうだ。先の日曜のリーグワン最終節、しぶとい静岡ブルーレヴズを37－27で破った。これで8勝8敗、12チーム中6位が確定して、4強の進むプレーオフには進めなかった。

（東京新聞・中日新聞夕刊　2023年4月26日『スポーツが呼んでいる』）

最後。「4強の進むプレーオフには進めなかった」。ここは「4強の進むプレーオフには残れなかった」でした。痛恨。

「きれい」の労力

「文庫」の表記に戻ります。

前述した以外では、「文庫」でもよかったかもしれない。「文庫でカントの哲学書を読んでいた」が、もっともきれいな文章です。けれど「文庫」にはほかの意味もあるはずです（※『広辞苑 第五版』によれば、出版物の形式の他に、書籍・古文書などを入れるくら、書籍その他手回り品などを入れる手箱といった意がある）。だから文庫はよくないなあと考えました。遅筆の理由というか弁解ですね。

ところで「文庫本」はよいものです。言葉でなく存在そのものが。いつか練習帰りの若いボクサーが食堂のカウンターの隅でひとり「文庫本」のページを繰る姿を見ました。なんだか得をしたような感じになりました。いつか、このシーンを書きたいなあと。

「わかりやすい」の功罪

わたしは、テレビのことをよく「テレビ受像機」と書きます。これも正直、ちょっといやらしい。ただ、どうしても、テレビとは放送の形態を示すので、あの機械のことではないんじゃないか、と考えてしまうのです。でも、やはり受像機は、どうにもぎこちなく読めるので、これはよそうか、と、このごろは思っております。というようなことに頭をぐるぐるさせて、嫌いな言葉を用いれば「生産性」はまことに低い。「文庫の書籍」より「文庫本」のほうが広く理解を得られる。読者の99パーセントは受像機であるかなんて気にしない。

ほとんどの編集者や新聞社の上司は「わかりやすい」を信奉します。文章のいわば機能なのですから当然だ。だいいち、わかりにくければ売れないでしょう。そこで「正確かもしれないし、きれいではあるのだが、わかりにくい」と「実にわかりやすい」のぎりぎりの「際」をめざそう。そう心に期す毎日です。

コラムニストのねばり

作家の山口瞳(＊11)が、大略、こんなことを書き残しています。

「ひらがなの多い文章を書く。しかし、辞書を引かなくてはわからぬような言葉は平気で使う」。読みやすさを難しさがちょっとだけじゃまをする。同感です。というより中学のころから山口瞳を読んできたので影響されたわけです。わからない単語も読者のそこはかとない楽しみ。ただし、わからない単語だらけでは、そもそも読む気にならない。

山口瞳がかの長嶋茂雄を次のように評しています。これはうまい。

彼は富士山が好きだ。若い時からそう言っていた。私は富士山が好きだと言える男をうらやましく思う。

（『草野球必勝法』）

富士山が好きと、てらいなく口にする。ああ、長嶋だなあ、と。前に取り上げた『文章読本』の向井敏の『文章の貴族』から。コラムとはこういうことなのですね。

どんな文章にも批評精神はなくてはかなうまいが、眼を血走らせて人心の堕落を難じ、肩を怒らせて世相の愚を指摘して得々としているようでは、ねっからコラムニストの資格はない。コラムには反射神経の軽躁でなく、二枚腰、三枚腰のねばりが要る。人間のすることとは愚かしいが面白いと観じる練れた眼が要る。一歩さがって人間を見、世の中を見るゆとりが要る。そして、批判を含蓄に変える文章の芸が要る。

「決めつける」の判断基準

「日本人より日本人らしい」の嘘

決めつけてはならないこと。スポーツライティングには、ここの見きわめが、きわめて大切です。決めつけてよいことと決めつけてはならないことを峻別する。ここも「二枚腰、三枚腰のねばり」かもしれません。

ラグビーの日本代表のリーチ マイケルを「日本人よりも日本人らしい」と書くのは大きな間違いです。これはあくまでも仮定、ここでの例ですが、もし本人がそう言ったとしても書いてはいけない。リーチ マイケル、マイケル・リーチはなによりマイケル・リーチそのものなのです。「こんなに義理堅い性格で」なんて、それらしい理由をつけたところで「日本人はみな義理堅いのか」と反論したくなる。

もちろん15歳で札幌の高校へ入学するために来日したのですから、ちょっとした思考や行動に「日本で長く暮らす者」を感じれば、第3章で触れたように、場面で描けばよい。

もちろん決めつけてよいこともある。詳しくはあとで述べますが、ここがさかさまになってはスポーツライターにふさわしくないのです。

瀧川鯉昇のマクラに学ぶ計画されたユーモア

瀧川鯉昇（*12）という落語家がいます。この人のマクラはスポーツライティングの参考になります。ひょうひょうとした雰囲気はライターの文体にも通じる。持ち味ですね。学ぶべきは「計算されたユーモア」。計画されたユーモアとしてもよい。おもしろい人が、ただ、素のままにおもしろいことをしゃべるのではない。計算され、あらかじめ計画された「型」や「形」として、ふんわりとして、すっとぼけた人間観を語る。素でなくて稽古を積んだ芸なのです。

地球温暖化について。

「もうすぐ関東平野がパイナップル畑になる」

ここは関東平野でなくてはいけない。どうしてもパイナップル畑でないと。そんな感じがしてきます。

落語家のとぼけたマクラには、たいてい、決めつけてよいこと、そうでないことの峻別、それを、なかば逆手にとったような「おかしみ」が、かかわっている。

瀧川鯉昇のそれにこんな例があります。親類のおばあさんが大往生する。なぜか通夜の席の棺で蘇生する。そこで。

「一同、驚いたり力を落としたり」

みんなが喜ぶと決めつけてはいませんか。ちよっと、そんなこわさがある。

時の人を「かっこ悪い」は正しい

では決めつけてもよいのは。２００５年、本書のきっかけとなったラジオNIKKEIの「スポーツジャーナリスト講座」では、そのころの例として「キムタクをかっこいいと決めつけるのは、スポーツライターにとって意義なし」と話しました。「かっこ悪い」と言い切るのはかまわない。なぜなら、みんながかっこいいと思っているから。いまなら例は違うでしょうが。

スポーツライターもそのときの潮流に加勢しては存在の意義が薄い。無名の実力者、知られざる良心こそ称えなくては。

過去との比較で問われるプロの腕

総理大臣やＪＯＣの会長、スポーツ庁長官が本当に罪深い悪事をなしたら、ここは「ひどいやつら」と決めつけてかまわない。対象が大きいからです。これがひとりの有名な選手くらいだと微妙。まして無名の者は批判せず、よいときによいほうに決めつける。

強者を援護しても仕方ないでしょう。もちろん実際の競技での出来事はフェアに評価する。うまい人、強い人はうまくて強い。そう書く。それで十分、そこからさらに過度な称賛はしなくてよいのです。

本当にそう感じたら「このゴールは１９７０年ワールドカップのペレ以来のスペクタクルだ」と描写する。それが正しいかは読者が決める。書けば判定の質を問われる。ここは職業の定め。だからこそ、そのときの成功や権勢への過剰な称賛は避けたほうが無難ではないでしょうか。

過去との比較をどう処理するか。ますますスポーツ科学が発達、トレーニング方法も進んでいる。現代の選手は過去の名手をデータでは上回る。みな、そう考えてしまう。だからこそ、「1950年代一流ボクサー、いま映像を見返しても、まるで色褪せない。現在のリングでもチャンピオンになれる」と決めつけることには価値があります。

「愚行」と「悪徳」について

そこからの連想です。愚行を悪徳と決めつけるな。これは言いたい。スポーツに限らず社会の問題ですね。「ああ、お馬鹿さん」程度の愚かな行為を、まるで重罪のように扱う例が増えていると感じます。

たとえば回転寿司店での悪質な行為とそれに対する罰。SNSによって被害規模も拡散、拡大される。許されてよいわけはない。映像の拡散で愚行は悪徳になる。自業自得といえばそうでしょう。

ただライター、いや、あえて申せばスポーツライターとしては、この件に関するジョージアの駐日大使、ティムラズ・レジャバさんの警鐘にも耳を傾けておきたい。

「私自身、不徳な映像に不快感を抱いた一人です。しかし、ここでは、少年の精神が崩壊するまでの過分な追い詰めを未然に防ぐことも大切です」

ちょっと待てよ。まさにジャーナリズムにこそ求められる精神ではないでしょうか。「悪徳と愚行」を考察したコラムです。ジョン・テリーはイングランドのサッカー選手。

　妻帯者のジョン・テリーがかつてのチーム仲間のパートナーと恋に落ちた。悪徳なのか。未熟な愚行か。いやいや、これぞ人間らしいふるまいか。「サッカーは許しのスポーツ」のはずだ。おおむね他の競技文化よりも清濁をともに呑み込む度量がある。

だから、イングランド代表のキャプテンの座を降ろされるというあたりの決着は実にほどよい感じもする。代表そのものから追放してはサッカーじゃない。

（中略）

ジョン・テリーとて腕利きの大衆紙を中心に社会的制裁なら受けている。眉をしかめる国民は大多数だろう。しかし、イングランドの前のキャプテンは、嫌われはしても憎まれてはいない気がする。

　日本の社会から「寛容」というか「余白」や「（物理的な）たるみ」が失われていく。なんてスポーツライターが書いては偉そうで恥ずかしくもあるが、たとえば次の「事件」には考えさせられた。

　昨秋、慶応大学の某サークルの複数の学生が、深夜に全裸で日吉駅構内を数分間走り、大きなニュースとなった。

ほめられたことではない。でも、あなたにもそれに近いような「青春の愚行」はなかったか。筆者には…ある。

その場でしかられる。お灸をすえられる。そのくらいでよいだろう。書類送検され、全国紙の社会面に大きく報じられ、大学当局に抗議が殺到する。愚行のほろ苦い代償が、悪徳のシリアスな断罪にすり替わっている。

（中略）

スポーツは、ましてサッカーは、必ずしも合理的な行動をしないヒトによって行なわれる。権力をふりかざすようなズルはごめんだが、道ならぬラブに身を焦がし、駅を裸で駆けるような「愚か者」のスペースは残されるべきだ。

（サッカーマガジン　2010年3月23日号『無限大のボール』）

文章に言葉のカセをはめる

「コンビニエンスストア」と言うべき人

わたしは嫌いな言葉、使わない単語を意識しています。

ふたつに分類できて、ひとつは紙面や誌面を汚くさせる言葉、もうひとつは根本が間違っている言葉。たくさんあります。

先日、ある高校で「言葉の授業」をした際（※第1章48ページ参照）に「コンビニをやめてみたら」と伝えました。コンビニに行くなではなくコンビニと言うな。「コンビニエンスストアと言おう。人生、変わるかも」。反応がありましたね。後日、送ってくれた各生徒の感想にも「使いたくない言葉を持つのは大事だと思いました」とあって、うれしかった。

本当は高校生が「コンビニ」と口にするのに問題などありません。ただ公共の電波のアナウンサーの「コンビニ」にはガックリきます。ゼロコンマ何秒しか短くならないのだから「コンビニエンスストア」でいいじゃないか。「ほぼほぼ」もそうで正しくは「ほぼ」。なんで繰り返すのか意味不明。強調ということでしょうか。「１００パーセント」を「１００パー」も嫌いですね。

ああ、もうキリがありません。「うちの嫁」「○○のていで」「就活」や「婚活」。いやだ。いやだ。「おやじギャグ」。なんだか文章が汚らしくなる。ように感じます。あえて、いやな意味を含ませようとカギカッコでくくって文章に登場させるのはありですが。

勇気はもらえない

「勇気をもらう」。最近よく見聞きしますけど、変ですね。先の高校生にも「勇気はひとりの人間の内面にわきあがるもの、やり取りはできない」と、しつこく話しました。この本のタイトルを「勇気をもらうって書くな」にしたいほどです。

スポーツライターは、「勇気はもらえない」と書くべきです。

これを書くには少し勇気がいる。「勇気をもらう」。あの言い回しが苦手である。

近年、よく流布していたが、震災後はいっそう用いられる。ことにスポーツに関連しては耳にしない日がないくらいだ。サッカーの女子日本代表のワールドカップ（W杯）優勝という痛快な栄冠に際して、テレビ番組の出演者の何人がそう発言したことか。「本当に勇気をもらえた」。本当か。

被災者が「なでしこの優勝に勇気をもらいました」と語って、それを否定はできない。悲嘆の底に一筋の光が差したら困難をおそれぬ気持ちになれた。実感だろう。自身の行動でその境地に達したくても過酷な現況では許されないのだから。つまり、こういう場合にのみ適切な表現だ。

テレビのコメンテーターのような立場から連発されると「スポーツの栄光と勇気は同義ではない」と反論したくなる。「もらう」や「与える」の言語的違和感は指摘されてきたが、その前に「勇気」が気になる。

実際、なでしこジャパンの小気味よいパス、ひたむきなのに、ふてぶてしくもある守りの厳しさを見つめて、そこに勇気という観念の入り込むスペースはなかった。ただ見事なサッカーだった。

もとよりスポーツは勇気だけでは構成されない。ある種の「おそれ」があればこそ慎重になれて勝利を呼ぶ。臆病ゆえに周到な準備を怠らず、それが功を奏することもある。

スポーツの成功をそのまま万人の心の支えとするのは無理だ。スポーツとは、そのつどの試合や競争をそのつど突破する瞬間の連続だ。理想の過程を経ても対戦相手があまりにも優れていたら負ける。

さらに述べれば、スポーツの勝負とは冷徹で残酷で、無条件の愛のようなものとは種類が異なる。勇気という一方向の感情で語るには、とても「難物」なのである。

大相撲の優勝インタビューで、日馬富士は言った。

「少しでも皆さんに希望と勇気を与えられるような、いい相撲を取れるように…」

なまりの残る素朴な語感を安らかに受け止めたファンは多かっただろう。与える側も、もらう側も礼儀を意識している。ここが、この話の難しいところだ。

感動は思いがけず訪れる。予定された言葉はどこかそぐわない。思いがけぬ苦難にさらされる被災者が、思いがけずスポーツの一瞬に心動かす日の戻ることを願いつつ思う。

（東京新聞・中日新聞夕刊　２０１１年7月26日『スポーツが呼んでいる』）

「空気を読む」もそうですよ。言葉の響きもいやですが、もとより発想があやまりです。同調を強要するなんて。高校生にも「自分が空気なんだ。よって読む必要はなし」と話しました。せめて「雰囲気」でいいじゃないか。「空気を読む」って、空気がかわいそうな感じさえします。

「ゾーン」「空気観」も慎みたい言葉

「ゾーン」も好きになれません。最初に言った、書いた人に罪はない。むしろ言葉の発見なのだと思う。そういう領域が実在するのなら言語化は当然です。学術的に用いるのも問題ない。ただし節操なく広まると「そんなにゾーンがあってたまるか」とつい思ってしまう。すみません。うるさくて。

「空気感」も嫌い。いま「許せない」と述べたくなって踏みとどまりました。「空気」や「雰囲気」ではいけないのでしょうか。２０２２年のサッカーのワールドカップのテレビの中継で、ＮＨＫのアナウンサーが「クウキカン」と話したのは衝撃でした。

カタールでのサッカーのワールドカップ（W杯）。最初の驚きは「クウキカン」だ。大会2日目の米国－ウェールズ戦のキックオフ前、NHKの実況者が言った。

解説の播戸竜二は前日のウェールズの練習を取材していた。そこで酒井博司アナウンサーが聞く。

「空気感、どうでしたか」

えーっ、空気感、アナウンス室では解禁なのか。辞書にない若者言葉と思い込んでいた。広辞苑を確かめる。なかった。

「空気瓦斯」の次は「空気機械」へ飛ぶ。もっとも愛用の「第二版補訂版」は１９７６年12月の発行だ。いまインターネットで検索したら写真の用語にあるらしい。プリントされても、ふくらみ、匂い立つ。そんな意味か。


（中略）


そしてジャパン！　ドイツに勝っちゃった。間違えた。ドイツに勝った。ひらがな入力のキーボードに「おどろき」と打ち、しかし変換をためらう。

サッカーとは、人間の長い長い一生と同じなのだ。

ドーハの悲劇からジョホールバルの歓喜、途中をはしょって、ロストフの14秒。しくじり、学び、上階へ進む。振り返れば順を踏んでいる。そろそろドイツに勝ってもよかった。

浅野拓磨のゴール。どの角度からの写真も平面にして立体のごとし。これか。空気感ってやつは。

（Sports Graphic Number　１０６４号『BEYOND THE GAME』）

空気感は本来は「写真の言葉」と伝えたかった。このコラムの目的のほぼすべてです。

はやり言葉は虚しい

「温度差」も腹立たしい。いつからか新聞の政治面に登場した。「両党間には温度差がある」。そこから広まります。こうした「はやり言葉」に飛びつく心は捨てたほうがよい。できれば流行語は使わない。それが自然な思考ではないでしょうか。流行語はやがて腐るのですから。

洋服でも店員さんに「いま、これ、はやってますよ」と言われると買いたくなくなるでしょう。はやりなんて虚しいものなんです。わたしは中学のころから、ほぼ同じ志向の服しか着ませんが、こちらがじーっとしていると周期的に流行の波がきます。こなくてよいのですが。自分と似たスタイルが増える。そんなものです。

俗っぽい言葉、表現を慎むと文章はよくなります。はやり言葉は、わざと、あえて使う場合に限る。サッカー誌の「はやり言葉」にまつわるコラムです。

リスペクトせずの「ディスリスペクト」を縮めたと思われる若者語も広まっている。昨年、知人の30代の男が「部下にディスられちゃって」と冗談めかして言うので「そんな一過性の言葉を使うからディスリスペクトされるのだろう」と嫌みをぶつけておいた。流行語はいつだって死を待っている。

（サッカーマガジン　2012年9月25日号『無限大のボール』）

そこに競技への愛はあるか

ただし「俗っぽい言葉」がすべて悪いわけではありません。近年の好ましい例は東京オリンピックのスケートボード競技の解説者、瀬尻稜さんの言葉です。東京新聞・中日新聞のコラムにまとめました。これは全文です。

どうして自分では用いぬ砕けた表現なのに引き寄せられるのか。

答えは「愛」だ。

東京五輪の男女スケートボード中継の解説者、瀬尻稜さんが視聴者の支持を集めた。語尾の多くは「っすね」。「失敗した」でなしに「ミスった」。「やっべー」や「はんぱない」が頻発する。くつろいだ雰囲気。ただし技術や心理についての説明や評価は的確である。

24歳の現役プロのいちばんの美徳は「オリンピック」や「日本人選手」や「メダル」よ

り「スケートボード」を愛しているところだ。

女子のストリート決勝、日本勢とメダルを競うブラジルのライッサ・レアウが転倒すると、「あーっ」。ちゃんと一緒に悔しがる。

中国の曽文蕙が伏兵のように実力を発揮する。実況のアナウンサーは「こわい存在」という方向で話す。日本の選手にとって難敵の意味だ。

しかし瀬尻さんはまっすぐに感心する。失敗したら「惜しい」という感情を素直に表す。もちろん、金メダルの西矢椛《もみじ》、銅メダルの中山楓奈への敬意と賛意は飾らぬ口調で繰り返される。負傷に苦しんだ実力者、西村碧莉《あおり》へのねぎらいにも儀礼の気配はない。

昔、俳優の小沢昭一さんのテレビ論をインタビューで直接聞いた。

「あれはねコンビニ。売れない商品はすぐやめんのね。ただね、その人がどういう人かだけはすぐにわかるカラクリなんです」

瀬尻さんはスケートボードとそのカルチャーを「びったびた」に愛している。なるほど、すぐに伝わった。どうかテレビ局のみなさま、この人を消費せずに競技の枠にとどめてください。


（東京新聞・中日新聞夕刊 2021年8月4日『スポーツが呼んでいる』）

「オリンピック」や「日本人選手」や「メダル」より「スケートボード」を愛している。

ここに尽きますね。日本の選手のライバルが失敗しても「惜しい」。これ、好きなんです。第3章のビル・マクラレンと同じ感覚ですね。「書く」は「話す」と異なり、表に出すまでにワンクッション入る。ちょっと待て。一瞬、立ち止まる。ちょっと冷静になれるはずなんです。「やっべえ」も嫌味がない。こういう人なら「空気感」も、きっと、いやに聞こえない。でも、この人には「感」というあいまいな思考や感覚はないような気もします。中村俊輔とも似ていますね。解説で自分を輝かせようと考えていない。ただ競技を愛している。

「彼」「彼女」に感じる距離

主語の話です。

わたしは「彼」「彼女」とはまず書きません。短編小説の書き出しのように「彼は…」と、わざと書くことはありました。ひとつの文章に「彼」や「彼女」が頻発するのは好きではありません。取材対象者の氏名、もしくは、他の表現を考えます。

先に紹介しましたが、海外の多くの記者は固有名詞の言い換えに執着する。読んでいると「ああ、苦労してるな」と微笑ましくなる。わかりやすさの観点では「田中・田中・田中」がよいのかもしれない。ここは一考に値する。しかし「彼」や「彼女」はどこか安易です。

彼・彼女には、取材対象との距離の問題もあります。

人物論やルポで「彼はビールを飲みながらそう言った」とあると、観察者と取材対象者の距離が失われている、と、つい思います。友人の話を書いているような。文章が作品になることをさまたげている。

そもそも選手とは友人にはなれない。いや、なりたくない。過去に、自然な流れで交友することもありましたが、いまは年齢も重ねて同世代の現役選手はいません。やはり知らないほうが書きやすいですよ。選手と友となるために生きているわけではありませんし。

よい作品のために対象者へ接近する方法も理解はできます。政治記者が「総理の懐に飛び込む」のも最初はそうでしょう。でも少なくない記者は癒着する。知ってしまうと、きれいなままではいられないんですよ。だから「彼」「彼女」とは書かない。そのくらいがちょうどよい。

原稿を平面的にしてしまう言葉

彼・彼女は、せっかくの特別な才能、見事な努力、優れていたり愛すべき人物をなんというのか平面に引きずりおろす感じがします。距離を保たないと文章が立体にならない。

家族の話もしかり。「妻は」「父は」「お母さんは」と書くと原稿が平面のまま。親が子を愛したり、子が親を慕うのはニュース、特筆すべき情報ではありません。さほど印刷される価値はない。10年間、いっぺんも口をきかない親子、ひいひいおじいちゃんの逸話なら書いてもよい。特別な物語になりうる。他方で「母に感謝します」なんて紙面や誌面のムダではないのか、としか言いようがない。

若いころにふと思ったのですが、スポーツ選手とコメディアンとロックンローラーは突然そこに現れてほしい。お笑い芸人が母親とのエピソードで泣くのを見ると、がっくりきます。ロックンローラーが「お母さん、ありがとう」みたいな歌詞を叫んだらロックじゃない。比喩的には「親を殺して」都会の荒野を進むのがロックンローラーじゃないか。マクラに家族の話をする落語家も苦手です。「そんな話はいらない。さっさと江戸へ連れていってくれ」と。

選手の敬称は略してかまわない

彼・彼女論に近い話、わたしは現役アスリートの敬称は略します。

テレビのスポーツニュースで、「大谷選手」と言う。なんか、いやですね。スポーツの公人なのだから報道では呼び捨てでかまわない。本人がその場にいるのとは違う。

わたしは引退してもしばらくは敬称を略したくなる。ときに敬称略と断って押し通す。「○○さん」だと普通の人になってしまう。際立つ人を平面に引きずりおろす感覚になるのです。

余談めきますが、記者会見で、「○○について教えてください」と質問する。あれにも違和感がある。「あの場面はどうでしたか」でよい。これもまた距離の問題ですね。あまりの接近、あまりの称賛を脇においたほうが原稿が立体になる。

一対一のインタビューでは、へりくだったように聞く場合もあります。しかし公の空間の記者会見は違う。記録に残るのですから記者は記者らしくあればよい。きれいごとを冷笑すると社会は腐敗する。そのきれいごとでいえば、記者は国民の知る権利に応える仕事なのですから。スポーツの取材パスもそのために配られるのです。

取材対象との距離を健全にする5つの意識

選手に「〇〇ちゃん」なんて呼びかけているのを聞くと「違うだろう」と思ってしまいます。ふたりきりのときだけにしてほしい。「あまりになれなれしい態度はよくない」と自制する気持ちが、余計な言動の歯止めとなる。すると余計なことを書かなくてすむ。記事がさっぱりします。


「接近しすぎない」

「持ち上げすぎない」

「いばらない」

「見くださない」

「けなさない」


スポーツライターはこの意識を忘れてはならない。

最後の「けなさない」には注意が必要です。

モハメド・アリがひどい試合をしたらボロクソに書いてもかまわない。世界チャンピオンとは公人であり、対象が巨大だからです。世界タイトルマッチやワールドカップの決勝はそのへんの試合とは違う。普通の高校生の甲子園でのミスをけなすのとは意味が違うのです。

きょうのジョン・レノンは声が枯れて散々だった。ろくでもないコンサートだ、とは書いてよい。でも町の少年合唱団の不出来を責めるのは酷です。

言葉に「神経」を通わせる

言葉が世界をつくる

「子ども／子供」「障害者／障がい者」「聞く／聴く」「見る／観る」などの表記において選択を迷う。「どちらが正しい」ではなく、逡巡しながら自分で選んでいく。意識の問題です。「きく」は、インタビューでは「聞く」だろうけれど、音楽なら一般的には「聴く」かな。「みる」も難しいですね。見ると観る。自分で自由に選べる場合、常用漢字論でいえば、さまざまな表記があるので。「こども」や「子ども」も「子供」でよいと判断する。自分の選択です。迷い、少しの時間にせよ悩む。それが文章をきれいにする。

「障害者」の「害」をどう扱うか。新しい表記の「障碍者」はどうか。見慣れぬ表記に印象が弱まり、関心が薄れるかもしれない。塩梅は難しい。ここも悩んで、ともかく自分が選んだ言葉、表記に「神経」を通わせる。

常に神経を――この「神経」もいつも迷いますね。ここに関連する病気に苦しんでいる人にとってはいやな表現かもしれない、と考えてしまうんです。ラグビーのテレビ解説で「早稲田の神経を押しつぶした」と言おうとして、印象がよくないかなと迷い、1秒悩んで、闘争心と言い換えたこともありました。

言葉に対して気を張る。常に考える。結果、自分で選択する。こうした心構えが大切なのだと思いますね。

やはり世界は言葉が先なんです。世界が先にあって言葉で解釈する事例もあるかもしれませんが、わたしは言葉が世界をつくると考えています。なぜなら人間の世界観は無限なので、言葉が導かなければ成立しない。つまりは、用いる言葉がその人を表すのです。

「40歳をすぎて、こんな言葉を使うのか」と感じる。でも、あえて、はやり言葉や稚拙な表現をたぐって人気を得る書き手もいる。簡単に、よい悪いでは割り切れない。

いずれにせよ言葉が世界を決めていく、あるいは形づくっていく。そこに心を配るのはスポーツライターの務めなのです。

外来語も安易に使わない

外来表記にも無神経にならず——先ほどの「神経」同様、この「無神経」も非常に思い惑います。神経がない病気があっても不思議ではないので。

漢字の表記と同じで、深く考えず垂れ流すのは安易だ。しかし、ときのトレンドにあえて乗っても、そこに神経が通っていればかまわない。

ラグビー用語の「ブレイクダウン（＊13）」は専門誌に書く場合は用います。ただしたとえば週刊現代の連載では、ラグビーを知らない読者も想定して、わかりやすいように「地上でのボールの争奪」とする。専門誌やスポーツ誌でも「ポッド（＊14）」や「シェイプ（＊15）」はほとんど使いません。「モメンタム（＊16）」「マインドセット（＊17）」と書いたこともない。「ジャッカル（＊18）」も原則、ターンオーバーと表記します。

このジャッカルはもともと、オーストラリアのある選手のあだ名、符丁です。それはその選手にのみ使いたい。寿司屋で客がお茶を「あがり」と呼ぶみたいな。あれも内輪の言葉。というわけで「ジャッカル」もなんとなく避けたい。

オフロードもそうですね。ボールを持つ者がタックルを浴びる。その衝撃を吸収したり、はじき返しながらつなぐ。もはや頻繁に見聞きします。いちど、コラムを連載している東京新聞宛てに、東京の築地がベースの草の根チームの有志からハガキが届きました。「外来語の氾濫に辟易しております。われわれは総会を開き、オフロードは『ずらし抜き』で統一しております」と。ずらし抜き、いいですね。はやりに流されず、まずは自分の頭で考える。スポーツライターに求められる意識と行為です。

ラガーはラガーマンにあらず

オーストラリアのサッカー協会がいつでしたか「サッカー」という表記をやめたんです（※2005年、「Australian Soccer Federation」を「Football Federation Australia」に改名）。オーストラリアとニュージーランド、それからアメリカはフットボールではなく、長くサッカーと表記していた。

サッカー（soccer）はもともと、アソシエーション（association／協会）を略した名称です。一時期、英国の学生を中心に表記を縮めることの流行、そこで発した言葉です。The Football Association。日本では「イングランドサッカー協会」と表記されます。この「Association」を略してサッカー。これはラガーも同じで「Rugby」を略して「er」を足した表現です。日本ではラグビー選手をよくラガーと呼んだ。あれは間違い。ラガーとはラグビーそのものです。

外来語をそのまま書く場合、いかに自覚的であるかが問われます。「この言葉が本当によいのだ」と意識することです。

戦争用語も自覚的か否か

スポーツライターは戦争用語から逃れられない。

いつか戦争経験のある元新聞記者に「スポーツ記者はすぐ軍隊の用語を使う」とやんわり叱られました。実情を正直に申すと、線引きはなかなか困難です。

「玉砕」はどうなのか。うーん、これはいやですね。

では高い位置でボールを競り合う「空中戦」はいけないのか。

「重戦車FW」は。そもそも「戦う」という表現は適切なのか。

考えていくとキリがありません。

「戦う」「空中戦」も原則的には文字にしたくない。したくはないが、どうしても許容せざるを得ない。「重戦車ＦＷは戦争用語で、平和に反するのか」と問われれば、答えに窮してしまいます。結局は自覚的であるかどうか。神経を通わせるか。繰り返しで申し訳ありません。どの言葉を選んでも、神経が通えば、文章は汚れない。

アマチュアレスリングのロシアの怪物、アレクサンドル・カレリン（＊19）の名言を引きます。

「すべての準備を終えて、マットの上に残されるのは言葉だけだ」

競争や闘争はあまりにも肉体的であるからこそ最後は言葉が勝負を決する。スポーツの実相を見事に言い表しています。

文章の「仮想敵」を徹底して削る

「こと」「として」を省いて文章を洗練させる

さまざまな原稿に頻発するのが「こと」と「として」です。

わたしは、これらを文章の「仮想敵」と、とらえています。文字数の多寡によって認識は異なりますが、可能な限り省けば、文章は洗練される。

ただし、ダブり言葉もそうですが、省略が「わかりやすさ」に反するのも事実。あまりにきれいに整えるとわかりにくくなります。「こと」が文中に出てくると、読みやすいうえに、意味もとりやすい。

この本は、ひとりのスポーツライターが、もうひとりのスポーツライターに話しかける「こと」でつくられています。録音を文字におこし、いったん印刷されて、最後に「文章」として、わずかにテニヲハなどを整えますが、あくまでも話し言葉がもとです。

だから、きっと「こと」や「として」は頻発するでしょう。188ページから触れたナキワカレもしかり。だからこそ本当の文章では省きたい。書き言葉として、すっきりさせたいのです。

わたしはコラムなど短い原稿に「こと」と「として」がしょっちゅう顔を出すのは好きではない。千字前後であれば、「こと」はひとつが限度で、ふたつ出たら消したい。しかし、現実には

「ということは」と書くと読みやすくなります。いちども用いぬ覚悟でキーボードを打ち始めますが、想定の読者にとっての「わかりやすさ」は無視できません。小学生に書くのなら「こと」は多いほうがよい。ということは成人の読者にもそのほうがわかりやすいのです。

「として」は用いなくても、なんとかなります。わたしは書き終えると、まず「して」で文中検索をかけます。すると、「として」と「して」を合わせて、半分くらいは消せますよ。

スポーツ原稿の難敵「から」

スポーツ原稿の真の難敵は「から」です。これだけは皆無にはならない。

「○年から」と時系列の表現にも使えば、「コーナーキックから」「○○からのパスを受けて…」などプレーの描写にも頻発しがちです。選手やチームの移動の場面にもよく出てきますね。意識しなければ増えるばかり。撲滅は無理にしても、激減を期すのは大変な作業です。

ラグビーの試合リポートでも、やたら「から」を使ってしまう。無意識の領域に近い。スクラム起点のセットプレー「から」。A「から」Bへパス。いったん書き終えて、検索であぶり出し、パスの例なら「Aのパス」や「○○につなぐ」と可能な限り書き換えます。

これもまた削りすぎると文章がわかりにくくなる。速報や新聞記事は時間との戦いもあるし、また多数の読者の理解のためにも、「から」はたくさんあってやむなしと妥協したくもなる。まさに塩梅や加減ですね。

長編では難しくとも、コラムならせめてひとつにとどめたい。そこでの書き換えが苦しくもかすかに楽しい。読者にはほとんど気づかれていないはずです。ひとりよがり。自覚的。自意識。それはそれでよいのです。

文章を縮める「魔法の壺」

文章をコンパクトにするための手段には、以下の2つの方法があります。

①極度に縮める
②言葉のダブりをなくす

②に関しては、すでに言及しているので省きます。

①の「極度に縮める」とは。その一行から不必要な部分がなくなるまで削る。そういうことです。内容の問題ではなく、もうこれ以上は短くならないところまで切り詰めて整えてみる。そうして空いたスペースに、ムダだけれど読者の頭に残るかもしれない逸話や表現をムダのない文章で書く。

わたしは、どうでもよいことをどんどん書きたい。スポーツライティングは、小説ではなくジャーナリズムなので、それほど長く残るものでもありません。もともとは、新聞なんて、すぐに物理的にも読み捨てられました。でも読者に、なにかひとつ、覚えてもらえたら。
向井敏の『文章読本』に、SF作家のジャック・フィニイの短編『従兄《カズン》レンの驚異の形容詞壺《つぼ》』が紹介されております。主人公でコラムニストのレンが、質屋で古い壺を見つけるのですが、その壺を文章に近づけると形容詞を吸い取ってしまう。

「妖精の森の宝石をちりばめたような梢《こずえ》は、寂として静まりかえっている」。彼はこう書きつづった。「ぞっとするほど冷たい、厳しい冬の到来で、夏の日の青々とした草木のざわめきは消えてしまった。色とりどりの無数の鳥たちの、フルートのように澄んださえずりももう聞こえない」

　ここまできて、カズン・レンはなんの気なしに筆を置いた。そして塩壺をためつすがめつしはじめた。彼は壺をさかさにもって、銘を調べようと底を見たが、その時、壺の口は原稿用紙から一インチしか離れていなかった。まもなく、彼は原稿がすっかりかわっていることに気づいた。

「　森の　梢は　静まりかえっている。　冬の到来で　草木のざわめきは消えてしまった。　鳥たちの　さえずりも　聞こえない」

　カズン・レンにも見る目はあった。で、これを見た時、前よりいい文章になっていることはすぐに理解できた。彼は仕事にもどり、いつものように、だが文章の長さは二倍にひ

きのばして、コラムを書きつづった。それから、形容詞壺をつかって、磁石のように前後に動かしながら、各行に手を加えていった。形容詞と副詞が、電気掃除機に吸い込まれる糸くずのように、シュッ、シュッと小さな音を立てて飛び去っていく。結局コラムはしかるべき長さに切りつめられ、かつてないほど歯切れのいい、よくひきしまった文章ができあがった。たしかに何か訴えかけるようなところがある、とカズン・レンがはじめて感じたコラムだった。

これなんて、まさにそうですね。「消えてしまった」が「消えた」でもいいかもしれないくらいまで考える。「しまった」「している」は「した」でいいのではないか、と。必ずそうする必要はないにせよ、いちど極度に縮める。それでおかしい場合は戻せばよいだけです。

ただ縮めればよいとは限らない

ただし、プロの文章は、どこかでわざと形容する必要はあるでしょう。簡潔な文章が最良と限らぬのは、読者の印象に残らなければ意味がないためです。このあたりの塩梅が腕の見せどころで、ときに鼻につくけれど、それがかえって読む人の記憶に残る、クセになる。でも、のべつやってはいけない。「コラムの発想」で触れた、山口瞳の難読漢字と同じで、一カ所か二カ所にとどめる。それも手垢のついていない、ストックフレーズではない表現が好ましいのです。

きらびやかな形容が手垢にまみれている。これは恥ずかしい。きらびやかを狙えばこそ自分の頭でひねり出さなくてはなりません。

文章を縮めるために、よいトレーニングは朝日新聞の一面コラム「天声人語」の添削、赤入れです。天声人語は昔、わたしが用いていたから例に挙げました。毎日でも、中日でも、読売でも、日経でもかまいません。その新聞を買う。コラムを読む。赤ペンで、ダブり言葉、余計な言い回しや意味の薄い表現を削っていく。文章のうまい記者が書いても3分の2くらいの文字量になります。ただし縮めたから、よい文章になるとは限りません。あくまでトレーニングです。わたしは電車のなかでよくこれをします。ほう、このくらい縮まるんだ。それがわかればよい。そのうちに普通の記事を読んでも、あ、ここは不要、同じ言葉がやけに多いな、と、つかめてきます。

インタビューの口語は文意を損なわない程度に整える

話し言葉は書き言葉と比べて、どうしても乱れます。この本もそうなるに違いない。

だから一問一答のインタビューを文字におこして、原稿にする際は、嘘のない範囲でその人の言葉を整えてあげる。「とか」は口語では無意識に用いられる。文語に変換するときに削ってあげる。それだけで読んでいても気持ちがいいし、わたしの経験では、なにより本人が喜びます。「とか」を削っても嘘になるわけではありません。他方、コラムの場合はいくらか変わります。口調でその人らしさを出したいときは、あえて「とか」を残す場合もあります。

いずれにせよ、自分ではない、他者の言葉にもやはり神経を通わせる。たとえば、ある選手が「明治」や「早稲田」と言ったのに、「明大」や「早大」と書く。それは慣習にしたがって、よく考えず、つまり神経を通わせずにそうしているだけだ。その人が「メイジ」と言ったのであれば「明治」なのです。

新聞の記事はルールがあるので変えられてしまう。長い社名なども、ときにやむを得ない。しかし、できる限り、その人の言葉を大切にしたい。

余談。昔、朝日新聞の運動部の記者に聞いた話。ある日、職場に読者の抗議の電話がかかった。いわく順天堂大学を「順天大」と表記するのはおかしい。卒業生としてどうにも不快である。「早稲田を早稲大と書くのか。早稲田か早大だろう」。かくして「順大」は定着していく。これもまた言葉に神経を通わすことです。

ユーモアとはなにか

酷だけれど「ない人」にはない

スポーツライティングにユーモアは欠かせない。しかし、この本の主題にあって、もっとも取り扱いが難しいかもしれない。

前提として、ユーモアを解釈しようとしている時点でユーモアに欠けている。

さらに、ユーモアの感覚はない人にはない。ただし、ないから悪い人であるはずもない。世の中、なくてもすばらしい人だらけです。この問いは本当に難しい。性格、環境といった要素の合わせ技ですから。定義づけは困難です。

わたしは井伏鱒二(*20)が好きです。理由はユーモア。飄々、少し残酷、庶民の会話の調子がたまらない。

その井伏鱒二の昭和7年の随筆「素人野球試合の記」。向井敏の『文章読本』で「飄々としたおかしみ」と評されている一文を引用します。

> 十一月十三日午後、荻窪《おぎくぼ》野球チームは、阿佐ケ谷チーム「麒麟《きりん》」混合チームと試合をした。私の方の荻窪チームの勝ちになつた。九対二であつた。

新聞のスポーツ記事風に言へば、――荻窪軍はこの一戦においてよく打ちよく守り、一般の期待にそむかず、二回早くも捕手の「ラッパ」以下、二本の安打を連発して三点を奪ひ、堂々たるスタートを切つた。もしこのとき投手の鶴さんになほ一層の脚力があれば、左翼手奥瀬平七郎のヒットで三塁まで進み得たであらうし、さらに敵軍の失策を頼みにして一挙本塁へ突入でき得る場合であつた。さすれば投手団に乏しき敵の守備陣を更に攪乱《かくらん》し、より以上に敵軍を震駭《しんがい》させ得る結果になつたであらう……。

私たちのチームは、中学生二人を除いて後は勤人といふ人々から成立つてゐる。中学生は打力に欠けてゐるがよく走る。足が長く伸び、土地を軽く踏んで塁をめがけて突進する。勤人は、走るとき鳩胸《はとむね》のやうに胸を突き出して、本人はすみやかに走つてゐるつもりでもスピードは出ない。私は一度ピンチランナーになつたが直《す》ぐアウトになつたので、私もあまり走れないのだと思つた。

阿佐ケ谷チームのメンバーは借りものが多く、たいてい同人雑誌「麒麟」の人たちであつた。一塁の田畑修一郎は失策なしの見事な守備をしたが、いつたいに文士は野球がへたくそなやうである。青柳瑞穂《みづほ》は飛球をつかむとき、前に進むべきところを球が怖ろしくて後に逃げ、さらにバウンドからも逃げるので、云ふまでもなく球を後逸さした。われわれは球をつかむときには、どんなに自信がなくても極力その球に近よる工夫をしなければならないのである。

青柳君は慶応野球チームの熱烈なファンであつて、ラヂオをきくときなど野球の講評家としては立派なやうな口をきく。講釈と実地は両立しがたい一例である。那須辰造は地味で確実であつた。スタイルも上等なのである。うまく球を受けても目立たないやうに黙つて投げ、球を受けそこねても失策が目立たなかつた。人徳によるのだらう。但、彼はたいてい球を後逸させてゐた。青柳君は球が来ると狼狽《らうばい》するばかりでなく、失策する前に逃げたり頭をかいたりした。彼の野球のプレイには理論や自己批判が多すぎるのであらう。われわれは駈けて行つて球を摑《つか》み、そしておよそ見当つけて投げさへすればいいのである。すこし見当がくるつても、最後にそれを摑みそこねたものが赤面してくれる。

中山省三郎は打撃が拙《まづ》かつた。それは説明できないほど、へたくそなのであつた。ボックスに立つた姿は弱々しい学者らしく見え、見物人がなつかしく思ふほど彼は球を打つのに気がねしてゐる風であつた。野球場では力かぎりバットを振つてもさしつかへないが、中山君は棒ぎれを振ることなど悪事であると教へこまれてゐるかと思はれた。私たちの荻窪チームはそれに乗じ、投手はずゐぶん遠慮なしに怪しげなボールを投げて中山君を惑はした。たうとう彼はしりぞけられ、九回目にはピンチバッターとして緒方君がボックスに現はれた。彼は黒い色のユニフォムに着かへて出場した。バットの持ちかたから見て、少しは野球をしたことがある人であるやうに思はれた。しかし私たちのチームはピンチを切りぬけることができた。

対象との距離が絶妙なスポーツ実況名手のユーモア

落語の「フラ」もユーモアなのでしょうね。その人の持って生まれたおかしみ。高座に出てくるだけで、もう、おかしい。古今亭志ん生（＊21）が典型ですーっと現れて「人というものは…」と語ると、それだけでおかしいんです。「ああ、人というものはいいなあ」という感じ。

ＮＨＫの往年のアナウンサー、西田善夫（＊22）のスポーツ実況には、日本のアナウンサーにはきわめてまれなユーモアがありました。アイスホッケー。緊迫の攻防。そこで一言。「アイスホッケーのゴールはタテ◯メートル、ヨコ◯メートル」。一拍あいて。「広そうで狭い。狭そうで広いんです」。お見事。

ユーモアとは対象との距離。熱戦で視聴者がムキになっている。そこで少し引いた視点を簡潔な言葉で提供する。「広そうで狭い。狭そうで広い」。アイスホッケーのゴールって本当にそういう感じがするでしょう。サッカー中継なら別の表現が求められますね。

ユーモアもどきの罪

ユーモアは学べるのか。結論は難しい。ないならないでよい。そのほうが思考をすっきりさせて原稿も乱れない。よくないのは自分ではユーモアと思っているのに、おもしろくない。ダジャレの見出しなんて典型でユーモアの対極にありますよね。ないままで、なにも問題ありません。

『文章読本』がユーモアの要諦を記しています。ふたつ引用します。

いうまでもないことだが、こうしたユーモアのスパイスは微量だからこそ力を発揮するのであって、しげく使われるとききめがなくなる。なくなるどころか胃にもたれる。

文章のユーモアは、どこにどういう言葉を配すれば、どんな話法を用いれば、あるいはどんな構成をとれば、予期した効果を収めることができるか、それを計算し運用できる能力により多く依存しているのである。

後段は瀧川鯉昇のマクラの精神というか心構えと重なります。過剰にならず、最大限の結果を生み出すには構成にも工夫が求められる。やはり、とても難しいものなんですよ。なければないでかまわない。もどきが罪。これが結論です。

書き出しでひきつける

よき映画のように旅へ連れ出す

書き出しは旅の始まりです。読者を旅に連れていく。必ずしも遠いところとは限りません。ロッカールームの扉の向こう、とある街の酒場。突然、どこかに連れていく。よい映画の始まりと同じです。映画監督の才能は冒頭でわかります。

第2章のエディー・ジョーンズ評でガーディアンという新聞のアンディ・ブル記者を紹介しました。この人が2019年のラグビーのワールドカップの開催地のひとつ、釜石の鵜住居復興スタジアムをめぐるストーリーを書きました。冒頭、よい映画でした。

There used to be a telephone box in the middle of the Kamaishi stadium.
「釜石スタジアムの真ん中のあたりには、かつて電話ボックスがあった」
(https://www.theguardian.com/sport/2019/sep/23/kamaishi-stadium-rugby-world-cup-tsunami)

時空を超えて旅に連れていってくれる。いまはラグビー場だけれど、東日本大震災の前まではここに中学校があり、校門のすぐ前に電話ボックスが設置されていた。津波の襲う直前まで、そこで自宅に電話をかけていた女子中学生（当時）の話へと展開していきます。読者は、書き出しで別世界へ移動しているので、滑らかにストーリーに溶け込めるのです。

情景もまた自分にだけ見える対象を書く。少なくとも、そのつもりで書く。そこで世界に引き寄せる自信がなければ、風景を描かず、淡々と書き出したほうがよい。書き出しについて余談というか別の話をすれば、できれば、ひらがなで始めたい。たとえば「一人」よりも「ひとり」。というか、そもそも、ひらがなで表わす言葉を選択する。そのほうが記事がきれいな感じがする。避けたいのはカギカッコ、コメントからの書き出しですね。どこか安易なんですよね。

わたしの原点となった名手の書き出し

書き出しで思い出すのは、レッド・スミス（＊23）。ニューヨーク・タイムズなどのコラムで名をはせた名スポーツライターです。とある追悼原稿の一行目がいまでも忘れられません。

「いま、お読みのこの新聞が、売れ残りの古い鱈の包み紙になるころに…」

（『今は亡き友へ』）

たまりません。新聞記者時代、いつか一面の記事でまねしようとたくらんでおりました。でも実行の前にやめてしまいました。後悔です。「古い鱈」が効いてますよね。「古い鱈の包み紙」。ユー

モアとも関係してきますが、ここは「鰽」でないとつまらない。

以下、好きな書き出しです。

ルイス・スアレスは戦争になるだろうと言った。そして、私はルイスの言うことならなんでも信じた。

（『サッカー戦争』）

『サッカー戦争』は名著。冷戦下のポーランドのジャーナリスト、リシャルド・カプシチンスキ（＊24）の一冊です。実はサッカーについてのストーリーはひとつだけ。これがその書き出しです。簡素でドライ。すてき、ハードボイルドの匂いもします。

1969年。ホンジュラスとエルサルバドルが、翌年のメキシコでのワールドカップの出場をかけてぶつかります。エルサルバドルの勝利。それをきっかけに始まる戦争を描いています。ポーランド人はメキシコに駐在している。友人で週刊誌の編集者のスアレスが新聞の試合結果に目を通して「これは戦争になる」と断言する。著者はただちに飛行機で現地に入ってルポを始めます。

書き出しもさることながら、当時の共産主義国家、言論の自由の制限されていたはずのポーランドにこんなに筆力のあるジャーナリストが存在した。世界は広いんです。

雨が降るとフランスはサッカーができない。

こちらはフランスのスポーツ紙、レキップです。

2003年。ラグビーのワールドカップ。雨の準決勝でフランスはイングランドに敗れます。イングランドは雨にふさわしくキックに徹する。内容は凡庸だけれど勝つ。翌日のレキップの書き出しがこれです。お見事。蹴ってばかりのラグビーをサッカーにたとえる。つまらない。しかしフランスもまたそうすべきであった。皮肉でユーモアの気配も漂う。

ふわっと終わらせ余韻を残す

最後に余計な意味づけはいらない

文章は「ひらいて終わる」ほうがよい。「ふわっと終わらせる」べきなのです。説明は難しいので自分の記事で例を示します。『Number』に掲載。歌手の友川カズキがかつて能代の中学校のバスケットボール部のコーチに熱中していたストーリーです。そのおしまいのところ。

雨が落ちてきた。能代一中の体育館の屋根を水滴が走る。バカは、こういう日には傘くらい差したのだろうか。それとも万能コートでしのいだか。

意味でなく風景を書きたかった。能代の灰色の空が目に浮かぶように。

おしまいまで読み進む前の逸話、本人や周辺の言葉によって「バカの意味」はとっくに伝わっている。地の文にひらべったい説明は書きたくない。余韻でふくらませる。そっけないくらいの終わり方のほうが心に残る。

インタビューもそう。そこまで多くを語ってくれたのに、最後に地の文で意味づけするのはくどい。野暮。たとえば、語り終え、部屋を出るに際して「音を立てないでドアをそっと閉めた」

と書いたほうよい。そこで終わる。その人らしさをシーンで表わす。そういう性格なんだと地の文で付け足さない。
格闘家の桜庭和志のインタビューはこう終わらせました。

この話を聞かせてくれた桜庭和志は、次のインタビューに備えて「腹へった。コンビニでなんか買ってきて」と事務所の女性に頼み、すぐに「あ、いいや」と言って、ローソンだかセブンイレブンだか、そんなような場所めがけて、また道路を渡った。
（SPORTS Yeah! No.108 2005年1月6日号）

詩のようであって詩ではいけない
三好達治（＊25）の『雪』という詩です。

太郎を眠らせ、太郎の屋根に雪ふりつむ
次郎を眠らせ、次郎の屋根に雪ふりつむ

たったの二行がひらいて終わる。想像がめぐりシーンとした雪景色が浮かぶ。
ただしスポーツライティングは詩ではありません。ときに詩のように書きたい。でも詩であってはいけない。

以下は余談。１９９７年。サッカーのワールドカップの予選、イタリアとロシアのプレーオフの取材にナポリへ行きました。突破のあやぶまれたイタリアがイタリアらしく堅実なスタイルでしぶとく勝利した。翌日の新聞、ラ・レパブリカの記者がこう書きました。

「この試合は詩ではなく、ただの文章だった」。

憎い。というか憎らしい。詩で負けるよりはよい。されど、ただの文章だったと。

「意味のある言葉で閉じない」

「みずからの結論で終わらない」

「風景や仕草に語らせる」

すると詩に近づく。詩は余韻を残す。しかし、おしまいの行に至る前にストーリーやインタビューをすでに書いているのだから、それは詩の匂いのする文章なのです。

原稿はひと晩寝かせる

書き終えたら寝かせる。できれば、ひと晩、たっぷり。時間が許されぬのなら、わずかであれ食事に出るなどして、やや間をあけて、読み直す。すると至らぬところ、余計なところがわかります。

原稿は冒頭がふくらみがちです。これはSNSでも個人の私的なブログでも同じでしょう。どうしても始まりは張り切る。新聞のように締め切りまで余裕のない媒体では、書いてほどなくに送稿する場合もあります。それでも、なるだけ時間をあけて読み返す。ほんの数分でもよい。

わたしは指定された行数ピッタリに書きます。ゲラの段階では、へたをすると刈り込みでかなり縮んでしまうので、その前に気づきたい。いったん食事、それから読み返し、縮めて、縮まりすぎたら、改行で行数を合わせます。

インターネットメディアでの書き方

「情報」と「論説」が求められる

インターネットのメディアはどうやら「ひらいて終わる」に向きません。そもそも手元の端末で楽しむ読者のために「頻繁な行替え」を求められます。実際にそのほうが読んで心地よい。したがってスタイルも紙の媒体とは変わります。情緒、シーン、それこそ余韻を吸収するスペースがない。と、いうか、そうしたレイアウトになっていない。

では、なにに向くのか。素早く「なにが起きた」を伝える報告。注目の当事者の発言。そして強い意見や明快な論でしょう。情報と論説ですね。

選手の一問一答。その速報こそはきっと好まれる。記者会見の場で素早くキーボードを叩いては送る。作業と「書くこと」はここでは結びつきます。またウェブのコラムではダイレクトな論というか意見がよく読まれる。情景描写は求められない。テクノロジーがさらに進んで、薄くて、ぐにゃぐにゃの紙のような端末ができたり、それで美しいレイアウトが可能になったりすると、いわゆるニュアンスも吸収できて、また変わるかもしれません。

紙とそれ以外。どちらも経験したほうがよい。前者に書いた経験がないライターもどんどん増えるでしょう。だからこそ機会があれば、きれいにレイアウトされて、美しい写真をともなう

「紙」を知っていたほうがよい。

おそらく「紙」の媒体はこれからも減る。傍流となる。ここでスポーツライターの態度としては「でも皆無にはならない」と想像することです。いちばん優れた媒体はひとつだけ残る。そこに書くのだと。

「読む」から「見る」へ

インターネットのメディアは速報と意見に向いている。受け取る側の意識は「読む」から「見る」に変わる。せわしない情報を見るように読む。いくらか偏見ではあります。でも、まあ行間をじんわりと味わうのには向いていない。しかし、印刷を経ない速報は間違いなく有用です。紙の世代のわたしでも新聞の紙のニュースの大半は、すでに携帯端末をのぞいて知っている。だから、未来を考えると、新しい媒体や機能に即したスポーツライティングの文体がきっと生まれる。わたし自身、こちらの経験がとぼしいので、いまこうだとは示すことはできない。しかし、たとえば、ゴルフやバスケットボールのスコアの推移についての過去にない表記の方法が創造されるかもしれません。数字と記号を駆使しながら、そこに鋭い技術評がちりばめられたり。楽しみといえば楽しみです。

コンテンツの時代に戻る

わたしは週刊現代でラグビーの連載を続けてきました。ほんの一時期、FRIDAYデジタルが週遅れで掲載してくれていました。その期間、記事について、明らかに若い人からよく声をかけられた。実相ですね。

では「紙」はすたれるのか。すたれるかもしれない。ただし、紙媒体の求めてきた企画や文章の出番はまた訪れる。そんな気もします。ウェブの媒体が飽和、テクノロジーのさらなる進歩もあって、情報の収集や表現で横並びになる。どこも瞬時にスコアとコメントをきれいに世の中に提出できる。そこで差をつけるのは旧態メディアで競われた質かもしれません。便利が行き渡ると「深さ」で差はつく。いまは、そう信じておきたい。

比喩はライターの友

「〇〇のような」で問われる独創性

「まるで〇〇のように」「まさに〇〇のような」はスポーツライティングの親友です。スポーツはたとえられるために存在する。だから手垢にまみれた比喩は危険です。それならなくてもかまいません。対象を見つめて、どうしても、なにかにたとえたい。そうであるなら自分だけの表現を見つけるべきです。自分だけの言葉は無理だ。言葉は「引用の集積」なのですから。しかし、この言葉をここに当てはめる。そこは独自の余地がある。

以前、サッカー元日本代表のＦＷ、久保竜彦をこう書きました。

竜彦だからドラゴン。そう呼びたくもなる。でも竜は舞う。久保竜彦は飛ぶ。跳ぶのではなく飛ぶのだ。ひとたび獲物を襲えば、瞬間、バサッと重く羽の音が聞こえてくるようだった。

だから怪鳥と書こう。黒く、大きく、精悍で、強いのに傷つきやすい。ワシのような猛禽とは違う。もっと突然変異の怪なる生き物である。

（サッカーマガジン　2012年5月1日号『無限大のボール』）

熟語の分解もスポーツライターを助けてくれる。ひとつの手法です。「隔靴掻痒（かっかそうよう）」。いつか「潜水服の背中を孫の手でかかれる」というふうにばらしました。

その原稿です。マンデラとは南アフリカの人種隔離政策に抗う偉人、ネルソン・マンデラです。大統領となりラグビーのワールドカップの決勝の場に現れ、隣の白人のラグビー関係者が大男ばかりなので比較すると小さく映った。そこで「小さな巨人」とつい書きたくなる。しかし、後日、調べると、マンデラは長身で知られていた。

ラグビー記者は、背の高いマンデラを小さな巨人と書く。おそらく、また書く。そんな人種である。

観察者がペンによって再構築する世界は、実際とはちがう。肉体を描いても、精神に肉薄したつもりでも、それは断じて実物ではありえない。すべてを捧げて戦う当事者にすれば、たいていは潜水服の背中を孫の手でかかれるようなものだ。

それでも、だからこそ、観察者は観察を再現するほかはない。真理はプレイヤーの胸のうちに横たわる。けれど、活字のラグビーもきっとラグビーである。

小さく見えれば、それは小さいのである。

「観察者は観察を再現するほかない」。本心です。根幹は「見つめる」。凝視するから比喩だって思いつく。映画や演芸の鑑賞、読書も表現力を高める。しかし、なによりも、よく見る、見るのでなく見つめる、ここが重要です。マンデラを見つめたら周囲との関係で長身なのに小さかった。それはそれでよいのです。

(『ラグビー特別便』)

中学生の発想に脱帽

2005年に杉並区の中学生を対象に文章講義をしました。「ある状況下で飛び出したホームランを○○のようにたとえよ」という課題を与えました。見事なたとえがいくつもあった。それについてのコラムを全文引用します。

アカデミー賞発表のテレビ番組を眺めていたら「牛乳屋さん」が思い浮かんだ。

主演男優賞を逃したレオナルド・ディカプリオの顔が「風呂あがりの牛乳屋さん」に見えたのだ。

スポーツを書く仕事を続けていると「のように」の親友となる。見事なシュートを、鋭いパンチを、魅力に満ちた選手の個性を、そのつど形容しなくてはならない。本当は簡潔

に伝えたほうが文章は死なないのだが、やはり何かにたとえたくなる。

いつしか習慣となって、だから童顔の人気俳優は「銭湯帰りの気のいい牛乳販売店の青年」なのだった。

記者席でサッカーの試合を追う。ジャーナリストなら細かな陣形の変化こそ克明に記すべきだろう。でも、わがノートには「アフリカの女」なんて意味不明の文字が書きなぐられる。現在はハンブルガーSV所属、高原直泰である。大陸のどこかの土地に暮らす聡明で背の高い女性の像がなぜか重なるのだ。

小説家の三島由紀夫はスポーツ新聞に各種観戦記を残した（以下『実感的スポーツ論』＝共同通信社より）。

ボクシングのファイティング原田は「五月人形みたいな、金太郎みたいな」。好敵手エデル・ジョフレは「老練な俳優のように余裕シャクシャクと」。

東京五輪の女子バレーボール決勝。日本の河西昌枝は「客のどのグラスが空になっているか（略）を、一瞬一瞬見分けて、配下の給仕たちに、ぬかりのないサービスを命ずるのである」。ソ連は「よく行き届いた饗応（きょうおう）にヘトヘトになったのであった」。

詩人の平出隆の『白球礼讃』（岩波新書）には、かの長嶋茂雄の最後のホームランの描写がある。「突き刺さるというよりも、予定の花道をたどらされているような悲しい球勢を感じさせた」

つい先日、東京都杉並区の「夢の学校プロジェクト」という試みに参加した。中学生有志に「文章を書くこと」について語ったのだが、実は、学んだのはこちらだった。

講義の終わりに次の課題に取り組んでもらった。

「北海道の漁村に生まれた吉岡麦太が初回に放ったホームランは〇〇〇のように場外へ消えた」。この〇〇〇をそれぞれが考える。

いやあ見事でした。「漁村」から魚や海に結びつけた者も多数、そうでなくとも独創性に富んだ形容が次々と繰り出された。

「霧」。霧のように場外へ消える。いいな。なるほど霧には「おそろしさ」や「不気味な力」のイメージもある。フランスあたりの名文記者が用いそうだ。

「糸の切れた凧（たこ）」。ちょっと普通かなと思わせておいて違った。「糸の切れた凧を追いかける鳥のように」。「ぐちゃぐちゃのアイスのように」。溶けたアイスクリームと特大ホームラン。

驚いたのはこれ。

「火のついたミカンのように」。ミカンを火にたとえた詩人はいたかもしれない。その逆も。でも火のついたミカンがスタジアムの外へ飛び出すとは。

なんと「彼女のように」。いつか去っていったのだ。ライナーの速度で。

一応、プロフェッショナルとして「模範解答」を準備していた。「魚の網が巻き上げられるように」。燃えるミカンの前に予選敗退だな。

（東京新聞・中日新聞夕刊　２００５年３月15日『スポーツが呼んでいる』）

カギカッコのなか

生きた言葉に反応する

選手や関係者の言葉を引く。スポーツライティングのおもな仕事のひとつです。意味のわからないコメントをあえて引く。意味を切り離してポッと浮かび上がるような一言に反応する。ここがコツですね。カギカッコのなかに「その人らしい言葉」を入れる。その人らしさは意味とは重なりません。意味不明もまた個性だ。

2022年暮れに大阪のある酒場を訪ねた。主人が高校時代にラグビー部。ひと目で直感しました。タックルの鬼だ。ちょっと不器用で頑固でしかも謙虚そうな雰囲気がそう思わせるのです。タックル、好きだったでしょう？　そう聞いたら一言。

「止めなあかん。それればかりで」

生きた言葉です。「はい。タックルが好きでした」よりも粒立っている。なんと美しい日本語であることか。「止めなあかん。それればかりで」。つい口調をまねたくなります。そういえば、達者な落語家は例外なく声色、物まねがうまい。耳がいいんです。スポーツライティングも耳は大切ですね。

よい言葉を聞き逃さない

その人らしく、ポッと浮かび上がる一言を紹介します。

2006年。知的障害者のサッカーのワールドカップが開かれた。日本代表を追ったドキュメンタリー映画で知りました。高校生（当時）ながらGKを務める加藤隆生が大会終了後、チームの仲間と雑談をするシーンです。東京新聞・中日新聞のコラムの一部です。

スポーツ界の「スター主義」は目に余る。何度か本コラムに書いた。本心だ。でも、白状しなくてはならない。つい先日、スター誕生の瞬間に立ち会ってしまった。ドキュメンタリー映画「プライドｉｎブルー」の試写会において。

昨年、ドイツで開かれたサッカーの知的障害者ワールドカップに参加した日本代表の奮闘を描く作品は、ＧＫ加藤隆生の練習シーンから始まる。

ザッ、ザッ。地面に長身が倒れる。ゆっくり両腕を広げてゴールの前に仁王立ちする。この時点で泣けた。ここに喜怒哀楽がある。もどかしく、つらいことも多いだろう青春は、だけどサッカーのボールをつかむ瞬間、驚くべき量の光を放つ。

（中略）

参加16カ国中12位。全日程を終えて、ドイツの川のほとりのベンチで加藤隆生とＤＦ若林弥が語り合う。

日本に帰りたいか。「半々かな」。帰りたいような、帰りたくないような…。確か、そんな会話だ。それは、スポーツで世界を見ることのできた人間が、誰であれ感じる幸福な心持ちである。

（東京新聞・中日新聞夕刊　２００７年7月10日『スポーツが呼んでいる』）

「半々かな」。これぞ人間の言葉ですよ。

こうした言葉を聞く、採集する——採集はよくない表現ですね。聞ける、聞く力がある——力も違いますね。

聞く気がある、逃さない。この場合は映画監督がそうでした。スポーツライティングにおいても求められる資質ですね。

よいゲームリポートの書き方

賢者が残した3つの要点

試合のリポート。ここについてはＢＢＣ放送と新聞の活字、どちらの領域でも実績を残した元ラグビー選手、エディ・バトラー（故人）が簡潔に表しています。

「よいゲームなのか」
「だれがよかったのか。だれがよくなかったのか」
「フィールド上でキーとなる瞬間、それが長期の影響を及ぼすものか。だとすれば、それはなにか」

この3要素をおさえれば、なにも時系列に沿う必要はない。「キーとなる瞬間」をまず書けばよいのです。

バトラーを追悼する記事に次の記述がありました。

「彼は20ポンド札のように語る」
凡庸なライターは1ポンド札を20枚も繰り出す。そんなふうにムダな言葉を費やしている。バトラーは20ポンド札一発で仕留めるのだと。

試合をいかに見つめるか

繰り返しです。まず仮説。このチームはこうだろう。この選手はきっとこうだ。さらにバトラーの3要素をふまえて、得点やそれにつながる「キーとなる瞬間」を書く。仮説と結びつけば、どんどん説き明かせる。異なったとしても、それはそれでかまわない。

ピッチやコートやリングの枠のなかを凝視する。そのとき自分の頭にも枠があったほうがよい。無限に思考を広げるより枠をこしらえて、そこを軸に観察する。枠は偏見とは違います。流されて、変に決めつけないための枠をつくるという感覚に近い。

コメントに引きずられない

試合が終われば選手に話を聞く。取材ですね。ここではコメントに引きずられないように注意しなくてはならない。仮説、それが当たったか外れたか、見つめたから気づいたことに結びつけた質問をする。

そもそも焦点を絞って聞かなくては、試合終了直後の選手から、よいコメントは引き出せない。コメントは取れたほうがよい。ただし、記者の自分自身の視点を捨ててはいけない。本人の発言は、まさに発言したという事実そのものです。尊重はする。しなくては失礼です。でも引きずられない。「本当にそうなのか」を捨てない。ここは意見が分かれるかもしれません。わたしは自分の記事、作品なのだから、いっぺんは自分を通す。自分の内面を通った言葉をキーボードに打つ。

すると、なんというのか、自意識過剰の「くさみ」が生じる。淡々とした、だからこそ感じのよい原稿にはならない。ここは読者の好き嫌い。わたしはあきらめて、万人に嫌われないのは無理と考え、腐った臭いはいけないけれど、ぎりぎりクセの強い文章を書きたい。というか書いてしまう。あえてスタイルを打ち立てるということとも関連します。

勝負の分かれ目を立体的に書く

きれいな文章で試合のリポートを書くのは難しい。サッカーなら、「シュート」をいっぺんしか使わずにゲームの全貌を表せるのか。簡単ではありません。しかし、繰り返しですが、いっぺん限りにしたいなあ、と思うことが鍛練にはなります。

わたしはラグビーのマッチリポートを専門誌などに書いてきました。トライの場面、スコアの推移といった報告に欠かせぬ「義務」をさっさと終えたい。そこを書き終えると気持ちが楽になります。コンパクトに得点をもたらす流れやシーンをまとめて、あいたスペースにできれば自分だけが見た、本当にそうかはわからないが、自分ではそう思っているシーンを書きたい。

サッカーのゴールは試合でひとつかふたつの場合も少なくない。ラグビーはペナルティーゴールやドロップゴールを含めば少なくとも4、5回はあるでしょう。「スクラムから右へ展開」と、さっき書いたなあと思うと憂鬱になる。いまのトライもスクラムから右へ展開して生まれたのだから。「から」を「を起点に」へ。「スクラム」を「セットピース」に。「右へ展開」を「バックスタンドに向けて」。印刷所がジリジリと待っている即時入稿のような場合を除けば、そんなようにウジウジとねばりたいのです。疲れます。

得点シーンは過少と過多を避ける。省略がすぎるとそっけない。説明過多では、そんなの携帯端末の映像で一目瞭然と嫌われかねない。そして「キーとなる瞬間」。このスコアこそが、あるいは重大なスコアのきっかけとなるこのタックルこそゲームの分かれ目なら、そこについては、なんとしても立体的に描く。そのためには自分だけが見つめて気づいた瞬間について、当事者の選手に具体的な細部まで聞く。「キーとなる瞬間」があって聞きたい選手がいる。この順番が正しいのです。

よい原稿はタイトルがつけにくい

2回目に理解できるくらいがちょうどいい

原稿を書き終えたら自分でタイトルをつけてみる。簡単につけられなければ、よい原稿とわたしは考えます。見出しの浮かばぬ原稿は主題がばらけて読みづらい、と、一般的にはとらえられがちです。小さな声よりは少し大きく反論したい。真剣なスポーツの現場、最前線がそんなに簡単に割り切れるものかと。

ここは、ちょっと乱暴ですが、見出しがすぐつく、あるいは見出しありきでも読みづらい記事ならたくさんあります。理想は、原稿の焦点は絞れているが、多層で多彩なニュアンスや繊細な観察がちりばめられているので、どうにも見出しがつけづらい。このくらいがよいのです。「タイトルはつけにくいな。単純な解釈を拒む。でも、なにが起きて、この人がどう思ったかはよくわかる」。このあたりが着地点です。ひとりよがりですね。しかしスポーツライターは、スタジアムで、テレビで、みなが見たものをわざわざもういっぺん書くのですから、どのみち、ひとりよがりなのです。普通の記事なら試合の録画と同じだ。

見出しがつきにくくて、よい原稿は、いっぺん読むと、自分でもスーッと頭には入ってくれない。でも繰り返し、もういっぺん目を通すとわかる。3度目もわからないのは、ただの難解、度を越したひとりよがり、そのあたりに線を引いてます。

まあ、多くの読者はいっぺん読んでよくわかる記事が好きなのかもしれません。ここはスタイル。初回に冷たく、2度目にはまあまあ優しい記事をめざしたい。こつっと文章が引っかかる。滑らかに読むことをじゃまする。でも、こつっのところをあとになるとよく覚えている。それでよいのです。

編集者の職域に侵入しない

そもそも自分では見出しをつけません。そこは編集者の職域というか楽しみだと思うからです。じゃましてはいけない。送稿する際にタイトルはつけません。それは紙面、あるいは誌面のプロの仕事なので、職域を侵さないようにしています。たまに不本意な見出しもあります。でもライターとエディターは異なる仕事なのです。したがって、あきらめます。この話は書くことそのものには関係がありません。ただ、わたしは自分の職域の外については悩まず、苛立たず、干渉もしない。そのほうがライティングに集中できるんです。精神衛生によいというのか気が散らない。このあたりはコーチ時代によい選手に学びました。職人は職人にとどまるのです。

だれに向けて書くか

万人ではなく「ひとり」をめがけて書く

万人でなく数人に。いや、ひとりをめがけて書く。そのほうが気が散らない。担当でなくとも、その原稿を送る媒体とは異なる出版社であろうとも、尊敬する編集者をめがけて書く。あの人ならどう読むだろうかと。あるいは酒場の親しい主人でもかまわない。抽象的なのですが「裏切らない」という感覚は、えいっ、これでいいや、という妥協を阻んでくれる。仕事とはそういうものではないでしょうか。ひとりに向かって書くから万人にわかってもらえる。わたしはそう信じています。万人をめがけると、50人しか喜んでくれない。そうも思うのです。

スポーツライティングは、大ベストセラーとは別の世界にある。アイスホッケーを書きたい。そのときはアイスホッケーを心から愛する人を大切にする。そこに尽きる。そもそも、そんな仕事ではないのか。ミモフタモナイけれどスポーツライターを志した瞬間、高額納税者への道は断たれるのです。本心からそう思います。

きれいに書く。愛する競技についての記事を読みたい人への義務です。他者の「好き」に侵入するのだから、せめてプロらしく仕事をする。アイスホッケーを骨まで愛する人が感動の試合を書いたとする。文章が少々拙くたって、絶対に読むに値します。ならばプロのスポーツライターはどうするのか。その人より洗練された文体、注意を払った言葉の選択によって、プロであると証明する他ないのです。億万長者にはなれそうにない仕事を選んだ者は「きれい＝誠実」であればこそ職業の幸福がある。

作家の山口瞳が生前に書き続けた「成人の日」の新聞に載るサントリーの広告文の一節を引きます。これ、好きなんです。そう。そうするよりほかに手立てがないのだ！

僕は、この人生、血も涙もないとばかりは思っていない。正直にマジメにやっていれば何か良いことがあると信じている。第一、そうするよりほかに手立てがないじゃないか。

（『諸君！この人生、大変なんだ』）

＊1　**スティーヴン・キング**　アメリカのホラー作家。1947年、メイン州ポートランド出身。高校教師のかたわら執筆活動を続け、74年に『キャリー』でデビュー。その後、『呪われた町』『シャイニング』などベストセラーを次々と生み出し、人気作家の地位を確立。ホラーだけでなく、『グリーン・マイル』などファンタジーの分野でも傑作を残している。

＊2　**竹中労**（たけなか・ろう）　ルポライター。1930年、東京都出身。共産党員として政治活動に従事したのち、ライターに転身。事物の本質を見抜く目と、権力に媚びない「竹中節」と呼ばれる独特の筆致で多くの読者からの支持を得た。晩年はバンド「たま」に執心。『山谷・都市反乱の原点』『琉球共和国』『世界赤軍』『たまの本』など著書多数。91年、死去。

＊3　**立川談志**（たてかわ・だんし）　落語家。1936年、東京都出身。16歳で五代目柳家小さんに入門。27歳で真打に昇進し、五代目立川談志を襲名。政界進出、落語協会の脱退など型破りな言動で耳目を集めた。そのいっぽうで、深い人間観を根底にした作品とともに高座にのぼり続けた。大衆を魅了した希代の噺家は2011年に死去。

＊4　**橘家文蔵**（たちばなや・ぶんぞう）　落語家。1962年、東京都出身。二代目橘家文蔵に入門し、2001年に真打に昇進。文左衛門に改名する。16年、三代目橘家文蔵を襲名。強面ながら人間の心の機微をとらえた芸風で人気を集める。「からぬけ」「目薬」「勘定板」などを得意とする。

＊5　**小室等**（こむろ・ひとし）　フォークシンガー。1943年、東京都出身。「PPMフォロワーズ」「六文銭」などのバンド活動と並行して、ソロ名義でも多くの作品を残す。75年には泉谷しげる、井上陽水、吉田拓郎と「フォーライフ・レコード」を設立。現役のミュージシャンによるレコード会社の発足は当時、業界のタブーを破ったとされ、メディアに大きく取りざたされた。

＊6　**谷川俊太郎**（たにかわ・しゅんたろう）　詩人。1931年、東京都出身。52年、初の詩集となる『二十億光年の孤独』を発表。以降は詩に限らず、翻訳、絵本、脚本など多岐にわたるジャンルで数多くの作品を手がけ、国内外で好評を博す。『日々の地図』で読売文学賞、『世間知ラズ』で萩原朔太郎賞などを受賞。

＊7　**ウインストン・チャーチル**　イギリスの政治家。1874年生まれ。陸軍士官学校を卒業後、インドやスーダン、南アフリカなどで従軍。同時に新聞の特派員も担った。1900年、保守党から出馬し下院議員に初当選。自由党に転じ、商相や植民相などを歴任。保守党に復党後、ナチスドイツとの宥和政策を取る政権に反発し、第二次世界大戦勃発後の40年に首相に就任。45年まで戦時内閣として、戦争指導に当たった。反共産主義を唱え、46年にアメリカで行った演説「鉄のカーテン」は大きな反響を呼んだ。51年に再び首相となり第二次内

閣を発足。東西冷戦の最中、反共産主義を貫いた。文才にも恵まれ、『第二次世界大戦回顧録』でノーベル文学賞を受賞。65年、死去。「イギリス史上もっとも偉大な政治家」と評す声も多い。

＊8 **向井敏**（むかい・さとし） 文芸評論家、エッセイスト、コラムニスト。１９３０年、大阪府出身。大阪大学大学院仏文学専攻修士課程修了後、電通に入社。テレビＣＭの制作などに携わる。退社後、書評家の道へ。文体に着目した独自の評論で存在感を示した。著書に『書斎の旅人』『傑作の条件』『文章の貴族』など。２００２年、死去。

＊9 **林達夫**（はやし・たつお） 評論家、思想家、編集者、翻訳家。１８９６年、東京都出身。京都大学文学部哲学科卒業後、１９２４年に東洋大学文化科教授となる。また雑誌や書籍の編集にも携わり、岩波書店の「思想」、中央公論出版局長、平凡社での事典の編集などに尽力。あらゆる事象に対する思想的かつ本質的な考察で名をはせた。著書に『文藝復興』『共産主義的人間』、訳書に『痴人の告白』『昆虫記』などがある。84年、死去。

＊10 **三木清**（みき・きよし） 哲学者。１８９７年、兵庫県出身。西田幾多郎の『善の研究』に影響を受け、京都大学で師事を受ける。論理だけでは説明できない非合理性を問い続け、多くの著書を残す。なかでも１９４１年に出版された「人生論ノート」は累計２００万部を超えるベストセラーとなる。治安維持法違反の被疑者である知人が仮釈放中に逃亡。その手助けをしたとして拘留され、東京拘置所内で死去。48歳の若さだった。

＊11 **山口瞳**（やまぐち・ひとみ） 作家、エッセイスト、コピーライター。１９２６年、東京都出身。国学院大学卒業後、出版社勤務を経て、寿屋（現・サントリー）に入社。広報誌『洋酒天国』の編集やコピーライティングに従事。62年に『江分利満氏の優雅な生活』で直木賞受賞。作家に専業したのちの79年には『血族』で菊池寛賞を受賞した。将棋、食、プロ野球など関心の分野は多岐にわたり、軽妙な文体で多くのエッセイも残した。95年、死去。

＊12 **瀧川鯉昇**（たきがわ・りしょう） 落語家。１９５３年、静岡県出身。落語研究会に所属していた明治大学卒業後、75年に八代目春風亭小柳枝に入門。90年に真打へ昇進し、春風亭鯉昇を名乗る。２００５年、瀧川鯉昇に改名。本文でも紹介した「マクラ」はすべてオリジナル。いま、もっともおもしろい噺家との呼び声も高い。

＊13 **ブレイクダウン** ラグビー用語。タックルが成立したあとの地上でのボール争奪戦。ボールを持った攻撃側の選手がタックルを受けて倒された場合、すぐにボールを離さなければ反則となる。守備側はこの瞬間にボール奪取を狙い、攻撃側はボールをキープするためにチー

ムメイトが助けに行く。この攻防を言う。

＊14　**ポッド**　ラグビーの戦術用語。攻撃側があらかじめ、数人の選手をひとつの単位とするユニットを複数つくっておき、状況や戦略に応じて、適したユニットにボールを渡しアタックを仕掛けていく。ポッド（pod）には本来、「さや」「群れ」「塊」などの意味がある。

＊15　**シェイプ**　ラグビーの戦術用語。先述の「ポッド」同様、攻撃側の戦術を指す。パスの出し手の周囲に複数の選手を配置。どこにボールが出されるかわからないようにポジショニングするため、相手の守備を混乱に陥らせる。2015年のW杯で強豪の南アフリカを破った、エディー・ジョーンズ率いる日本代表はこの戦術をベースとしていた。

＊16　**モメンタム**　「勢い」や「（試合の）流れ」を意味する。「モメンタムを生み出すプレー」などといった表現で、ラグビーやアメリカンフットボールでよく用いられる。

＊17　**マインドセット**　「先入観」「思考のパターン」「固定化された考え方」などを意味する。「格上の相手に対する劇的な勝利は、このチームのマインドセットを大きく変えた」といった表現で用いられる。

＊18　**ジャッカル**　タックルを受けて倒れた選手からボールを奪うプレー。2019年ラグビーW杯で日本代表の姫野和樹がこのスキルを発揮してチームの窮地を幾度となく救い、広く知られるようになった。元来は元オーストラリア代表で、日本でもプレー経験のあるジョージ・スミスの異名。ジャッカルが獲物を襲う様に類似しており、そう呼ばれるようになった。

＊19　**アレクサンドル・カレリン**　元アマチュアレスリング選手。1967年、旧ソビエト連邦ロシア・ノヴォシビルスク州出身。男子グレコローマンスタイル130キロ級において、88年のソウル五輪から3大会連続金メダルの偉業を果たす。87年から13年間、国際大会で無敗を維持し、公式戦における連勝記録は300を超える。異名は「霊長類最強の男」。

＊20　**井伏鱒二**（いぶせ・ますじ）　小説家。1898年、広島県出身。早稲田大学仏文科中退。1929年、のちに代表作と謳われる『山椒魚』でデビュー。市井の人々の言動をユーモアあふれる文体で柔らかく表現し、人気作家となった。また受賞作も多く、『ジョン万次郎漂流記』（直木賞）、『黒い雨』（野間文芸賞）などが広く知られる。93年、死去。

＊21　**古今亭志ん生**（ここんてい・しんしょう）　落語家。1890年、東京都出身。若いころから豪放磊落な生活を送り、二十歳ごろに二代目三遊亭小圓朝に入門。芽が出るまで時間がかかり、なんども改名を繰り返したが戦後にようやく開花。飾り気のない人柄と豪快な逸話で、噺

家好きの心をつかんだ。１９７３年、死去。

＊22　**西田善夫**（にしだ・よしお）　アナウンサー。１９３６年、東京都出身。早稲田大学卒業の58年、ＮＨＫに入局。おもにスポーツ実況を担当し、とくにオリンピックは夏冬合わせて10回の実況、２回の解説を務めた。メジャーリーグ中継のパイオニアとしても知られる。定年退職後は同局の解説委員やスポーツアナリストを務めた。２０１６年、死去。

＊23　**レッド・スミス**　スポーツライター。１９０５年、アメリカ・ウィスコンシン州グリーンベイ出身。ユーモラスでありながら乾いた文体で、多くのスポーツファンから愛された、スポーツ史に残るコラムニスト。66歳でニューヨーク・タイムズと契約し、その後10年間、週に４本のコラムを書き続けた。76年にピューリッツァー賞を解説報道部門で受賞。82年、死去。

＊24　**リシャルド・カプシチンスキ**　ジャーナリスト、作家、新聞社通信員。１９３２年、ポーランド出身。ジャーナリズムと芸術を融合させた筆致は唯一無二とされ、「20世紀でもっとも偉大なジャーナリスト」とも評される。Ｗ杯予選の結果に端を発する、ホンジュラスとエルサルバドルの国際紛争を描いた『サッカー戦争』は名著として世界中に知られる。晩年は幾度となく、ノーベル文学賞の候補に挙げられた。２００７年、死去。

＊25　**三好達治**（みよし・たつじ）　詩人、評論家。１９００年、大阪府出身。萩原朔太郎の作品から詩に魅了される。25年に入学した東京大学では同人誌に作品を継続的に掲載。30年には初の詩集『測量船』を刊行。情景の思い浮かぶ作風で人気を博した。詩集だけでなく『巴里の憂鬱』『昆虫記』等を翻訳、さらには評論活動も行うなど文壇を活気づけた。64年、死去。

おわりに　「だれを」「なにを」書こうとも

本書の構成者との喫茶店での問答に「昔、影響を受けた本」の記憶がよみがえる。自室へ戻り、ぐちゃぐちゃの棚をしばらく探索、なんとか引っ張り出す。指につく埃を気にせずにページを繰ると、確か、このへんのはず、あっ、ちゃんと付箋がしてある。その繰り返しだった。

語り終えて、印刷されて、あらためて、わがスポーツライティングは「他者」により成り立っていると知る。もっと述べるなら「他者の知と熱」か。新聞や雑誌の記事、書籍、映画、落語、あるいは愛する歌の数々、それぞれの場にひしめく表現が自分を…と書いて先が続かない。かたちづくった。ちょっと違う。区立図書館でいっぺんに8冊は借りて、映画館のシートに沈み、ライブハウスや寄席に通えば、感情の動いたフレイズやシーンは積み上がる。生きてきた分だけの「好き」の地層が、もう、なんというのか、まるごとの自分自身なのである。

スポーツ新聞に中途入社後ほどなく、新宿の外れの小さな酒場で常連の文藝春秋の編集者に「よい原稿を書きたいのなら向井敏を読みなさい」と教わらなかったら、どうなっていたのか。

大学2年、吉祥寺の曼荼羅で三上寛のライブ演奏を聴かなかったら。あれでオーナーと知り合い、この縁で、やがて国立高校ラグビー部のコーチとなり、新聞社をやめてグラウンドでの指導に没頭した。「人間はみな違って、みな同じだ」という実感をつかめた。のちの仕事の核を無収入の年月が支えた。

あるスポーツライターの頭の中をのぞく。そんな一冊である。そこに普遍はあるのか。なさそうだ。読書や映画鑑賞の傾向、ラグビーのコーチング経験、それらが溶け合い、たどりついた文体や方法は、ある環境に育った者の固有の嗜好に過ぎない。

あなたは大谷翔平を書きたいのか。いえ、飄々とゴロをたくさん打たせて、よく抑えているのに、めったに勝ち星のつかないベイスターズの平良拳太郎をむしろ書きたい。いえいえ、わたしなら…。そういう話でもある。ただし。だれを書いても、なにを書いても、どう書くかの根っこは変わらない。とは信じている。

構成者あとがき　答え合わせ

愛読するようになったのはいつだったのか。いまではもうはっきり覚えていません。確か高校生のころ、スポーツ総合誌でその存在を知り、愛好するボクシングやサッカーの専門誌のコラムを楽しみ始め、気づけば毎週の新聞連載（※現在は隔週）をスクラップするほどのめり込んでいました。

なぜ、これほど心を動かされるのか。ご本人は嫌がるでしょうが「日本のスポーツライティングの巨人」に近づき、脳内の一端を垣間見ようと講座にまで通うこと2度。概略、こんな時間を過ごすうちに、その文章論を一冊にまとめて世に出したい、いや出すべきだ、と思うようになった。以上が本書のいきさつです。仕事を依頼する手紙には名コラムのタイトルにかけて、「人類のためです」などと振り返れば赤面するしかない一文を加えてしまいましたが、なんのことはない、わたしがただただ読みたかったにすぎません。

忘れられない一幕があります。こちらの強引で勝手なお願いに首を縦に振ってくださったあと、一軒のバーに誘われました。ソファに腰をすえた眼前の憧れの人は、店内のあちらこちらを指さしながら「完璧なんですよ」と繰り返します。内装、数々の装飾品、多種多様のボトルが並べられた棚。そして、女性オーナーのアルコールへの偏愛と博識。あれから約一年が経ち、ゲラになった原稿を読み直していると、はたと気づかされます。「意識」「自意識」「きれい」。本文中に幾度となく登場するこれらの言葉は、まさに魅了されてきた名文の土台です。そして、あのすてきなバーの「完璧」な佇まい。プロの仕事とはいかなるものか。答え合わせでした。

最後に。藤島さんのコラム（東京新聞・中日新聞夕刊 2013年10月22日『スポーツが呼んでいる』）から引用します。落合博満氏の映画論『戦士の休息』（岩波書店）にこんな一節があるそうです。「プロの仕事に必要なのは、『これは売れるのだろうか』と思案するよりも、『これを見てもらうんだ』という無骨な勇気」。あとがきを執筆する段になっても力不足のわたしにはどこか不安が残ります。それでも、いつしか口にされていた、「編集者（の資質）はほれ込む力」を励みに、なんとかゴールテープを切るまでに至りました。長く読み継がれることを心から望みます。

構成者　三谷悠

引用・参考文献一覧

序章　スポーツライティングとはなにか

『小説の聖典』（いとうせいこう、奥泉光／河出文庫）
『今夜、すべてのバーで』（中島らも／講談社文庫）
Sports Graphic Number 1062号「BEYOND THE GAME」（文藝春秋）
東京新聞・中日新聞夕刊　2006年10月17日「スポーツが呼んでいる」
東京新聞・中日新聞夕刊　2010年7月13日「スポーツが呼んでいる」
東京新聞・中日新聞夕刊　2005年3月29日「スポーツが呼んでいる」

第1章　スポーツを書く喜び

東京新聞・中日新聞夕刊　2021年6月9日「スポーツが呼んでいる」
『スタジアムから喝采が聞こえる』（藤島大／洋泉社）
東京新聞・中日新聞夕刊　2008年4月1日「スポーツが呼んでいる」
東京新聞・中日新聞　2019年9月28日「ラグビーが呼んでいる」
東京新聞・中日新聞夕刊　2022年10月26日「スポーツが呼んでいる」

東京新聞・中日新聞夕刊　2021年11月10日「スポーツが呼んでいる」

第2章　見つめる・仮説を立てる・調べる

『昭和文学全集12』「教祖の文学 坂口安吾」（小学館）
『アート・スピリット』（ロバート・ヘンライ著、野中邦子訳／国書刊行会）
『パパ・ユーア クレイジー』（ウィリアム・サローヤン著、伊丹十三訳／新潮文庫）
スズキラグビー『友情と尊敬』第13回「いい選手について」
東京新聞・中日新聞夕刊　2018年7月28日「スポーツが呼んでいる」
『BEHIND THE CURTAIN』（ジョナサン・ウィルソン／Orion）
Sports Graphic Number 942号「BEFORE THE GAME」（文藝春秋）
スポーツニッポン　1986年12月29日　11版
東京新聞・中日新聞夕刊　2013年12月24日「スポーツが呼んでいる」
SPORTS Yeah! No.149　2006年10月5日号（角川書店）
東京新聞・中日新聞夕刊　2012年1月24日「スポーツが呼んでいる」

第3章　スポーツライティング心得

サッカーマガジン　2008年8月19日号「無限大のボール」（ベースボール・マガジン社）

沖縄タイムス　2009年4月6日
沖縄タイムス　2010年5月10日
東京新聞・中日新聞夕刊　2005年5月31日「スポーツが呼んでいる」
サッカーマガジン　2008年1月8・15日号「無限大のボール」（ベースボール・マガジン社）
東京新聞・中日新聞夕刊　2007年3月27日「スポーツが呼んでいる」
東京新聞・中日新聞夕刊　2005年4月19日「スポーツが呼んでいる」
SPORTS Yeah! No.145　2006年8月10日号「至高の晩餐」（角川書店）
スポーツニッポン　1991年2月15日　11版
Sports Graphic Number　2005年9月15日　臨時増刊（文藝春秋）
『ラグビーの世紀』（藤島大／洋泉社）
SPORTS Yeah! No.108　2005年1月6日号（角川書店）
東京新聞・中日新聞夕刊　2006年1月17日「スポーツが呼んでいる」
東京新聞・中日新聞夕刊　2010年12月28日「スポーツが呼んでいる」
『教える力』（井村雅代著、聞き手・松井久子／新潮社）
『金メダル一本道』（山田重雄／講談社）
『風雲の軌跡』（三原脩／ベースボール・マガジン社）
『新・俳人名言集』（復本一郎／春秋社）

東京新聞・中日新聞夕刊　2022年12月14日「スポーツが呼んでいる」
サッカーマガジン　2007年3月17日号「無限大のボール」（ベースボール・マガジン社）
『ドイツの子どもは審判なしでサッカーをする』（中野吉之伴／ナツメ社）
東京新聞・中日新聞夕刊　2006年11月21日「スポーツが呼んでいる」
東京新聞・中日新聞夕刊　2005年10月4日「スポーツが呼んでいる」
Sports Graphic Number　1000号「BEYOND THE GAME」（文藝春秋）
Sports Graphic Number　1026号「BEYOND THE GAME」（文藝春秋）
東京新聞・中日新聞夕刊　2014年5月27日「スポーツが呼んでいる」

第4章　文章スキルと言葉への意識　批評・コラム・ゲームリポート

『小説作法』（スティーヴン・キング著　池央耿訳／アーティストハウス）
『文章読本』（向井敏／文春文庫）
東京新聞・中日新聞夕刊　2023年2月1日「スポーツが呼んでいる」
Sports Graphic Number　1068号「BEYOND THE GAME」（文藝春秋）
東京新聞・中日新聞夕刊　2023年4月26日「スポーツが呼んでいる」
『草野球必勝法』（山口瞳／文春文庫）
『文章の貴族』（向井敏／文藝春秋）

サッカーマガジン　2010年3月23日号「無限大のボール」（ベースボール・マガジン社）
東京新聞・中日新聞夕刊　2011年7月26日「スポーツが呼んでいる」
Sports Graphic Number　1064号「BEYOND THE GAME」（文藝春秋）
サッカーマガジン　2012年9月25日号「無限大のボール」（ベースボール・マガジン社）
東京新聞・中日新聞夕刊　2021年8月4日「スポーツが呼んでいる」
『今はなき友へ』（レッド・スミス著、東理夫訳／東京書籍）
『サッカー戦争』（リシャルト・カプシチンスキ著、北代美和子訳／中央公論社）
『熱狂のアルカディア』「友川カズキ　無償の放熱」（藤島大／文藝春秋）
SPORTS Yeah! No.108　2005年1月6日号（角川書店）※第3章と同じ
サッカーマガジン　2012年5月1日号「無限大のボール」（ベースボール・マガジン社）
『ラグビー特別便』（藤島大／スキージャーナル）
東京新聞・中日新聞夕刊　2005年3月15日「スポーツが呼んでいる」
東京新聞・中日新聞夕刊　2007年7月10日「スポーツが呼んでいる」
『諸君！この人生、大変なんだ』（山口瞳／講談社文庫）

藤島大（ふじしま・だい）

1961年、東京都出身。スポーツライター。
都立秋川高校、早稲田大学でラグビー部に所属。
スポーツニッポン新聞社を経て、1992年に独立。
文筆業のかたわら、都立国立高校、早稲田大学ラグビー部のコーチを務めた。
2002年には『知と熱 日本ラグビーの変革者・大西鐵之祐』（文藝春秋）で
ミズノスポーツライター賞を受賞。
著書に『ラグビー特別便』（スキージャーナル）、
『熱狂のアルカディア』（文藝春秋）、
『人類のためだ。ラグビーエッセー選集』（鉄筆）、
『北風 小説 早稲田大学ラグビー部』（集英社文庫）などがある。
東京新聞、ラグビーマガジン、Numberなどに寄稿。

事実を集めて「嘘」を書く
心を揺さぶるスポーツライティングの教室

2023年11月2日　初版第1刷発行

著　者　藤島大
発行者　三輪浩之
発行所　株式会社エクスナレッジ
〒106-0032　東京都港区六本木7-2-26
https://www.xknowledge.co.jp

問合先　編集　TEL.03-3403-6796　FAX.03-3403-0582
info@xknowledge.co.jp
販売　TEL.03-3403-1321　FAX.03-3403-1829